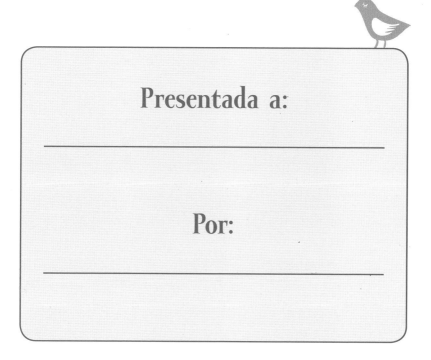

Presentada a:

_____

Por:

_____

GRACIA

para todo momento

DEVOCIONAL PARA LA FAMILIA

100 Devocionales para que tu familia
disfrute de la gracia de Dios

MAX LUCADO

GRUPO NELSON
Desde 1798

NASHVILLE   MÉXICO D.F.   RÍO DE JANEIRO

Editora en jefe: *Graciela Lelli*
Traducción: *Guillermo Cabrera Leyva y Abigail Bogarín*
Edición y adaptación del diseño al español: *Grupo Scribere*

ISBN: 978-1-40022-174-5
ISBN Ebook: 978-1-40022-161-5
Impreso en Malasia
20 21 22 23 24 IMAGO 9 8 7 6 5 4 3 2 1

Queridas familias:

Como los padres cuidan de sus hijos y proveen para ellos, así también Dios provee y cuida de sus hijos. Él nos da lo que necesitamos: esperanza, perdón y alegría. Nos consuela en nuestra tristeza. Y, lo más importante, nos otorga su gracia.

Pero ¿qué es la gracia? Es Dios que nos dice: «Sé que te has equivocado, pero todavía te amo». Es cuando le confiesas al Padre que lo sientes y él responde: «Estás perdonado». Uno de mis versículos bíblicos favoritos lo explica así: «Acerquémonos, pues, confiadamente al trono de la gracia, para alcanzar misericordia y hallar gracia para el oportuno socorro» (Hebreos 4.16).

No siempre puedes decidir lo que sucede en tu día. Pero sí eres capaz de escoger cómo piensas y qué haces al respecto. Puedes elegir adorar a Dios como familia. Cada presentación en *Gracia para todo momento:® devocional para la familia* incluye devocionales para adultos de *Gracia para todo momento®* que se colocan lado a lado con devocionales para niños. Los padres y los hijos pueden estudiar sus devocionales por separado o juntos y luego reunirse para leer el versículo clave en voz alta y profundizar en las presentaciones del día. Las secciones «Crecer en la gracia» incluyen pensamientos y preguntas diseñadas para acercarse al Dios de gracia a medida que comparten juntos este tiempo.

MAX LUCADO

Un pueblo escogido

¿Te ha parecido alguna vez que nadie se fija en ti? La ropa nueva y los estilos diferentes pueden ayudar por un tiempo. Pero si deseas un cambio permanente, aprende a verte como Dios te ve: «En gran manera me gozaré en Jehová, mi alma se alegrará en mi Dios; porque me vistió con vestiduras de salvación, me rodeó de manto de justicia, como a novio me atavió, y como a novia adornada con sus joyas» (Isaías 61.10).

¿Ha decaído tu autoestima alguna vez? Cuando esto ocurra, recuerda lo que vales: «… fuisteis rescatados de vuestra vana manera de vivir […] no con cosas corruptibles, como oro o plata, sino con la sangre preciosa de Cristo, como de un cordero sin mancha y sin contaminación» (1 Pedro 1.18-19).

El reto está en que recuerdes eso. Que medites y te concentres en eso, y así permitas que su amor cambie la manera en que te ves.

Cuando Cristo venga

Para leer juntos

«Mas vosotros sois linaje escogido, real sacerdocio, nación santa, pueblo adquirido por Dios…».

1 PEDRO 2.9

2

Dios te ha escogido

¿Alguna vez te sientes invisible? ¿Sientes como si nadie te notara? Es probable que pienses: *Quizás alguna ropa nueva hará que me noten.* Y tal vez la ropa ayude. Por un rato. Pero entonces la última moda se vuelve noticia pasada, y otra vez te vuelves... invisible. ¿Quieres un cambio que dure? Aprende a verte a ti mismo como Dios te ve, con «... ropas de salvación...» y cubierto con «... manto de justicia» (Isaías 61.10, NVI). ¿Alguna vez te has sentido como un don nadie? Cuando te sientas así, recuerda lo que realmente vales. Recuerda a quién envió Dios para salvarte: «... fueron rescatados [...] con la preciosa sangre de Cristo, como de un cordero sin mancha y sin defecto» (1 Pedro 1.18-19, NVI). Si alguna vez empiezas a sentirte invisible o ignorado, recuerda esto: Dios te *escoge* para ser su hijo. Eso puede ser difícil de recordar a veces. Así que ora al respecto. Piensa en esa verdad. Deja que la forma en que Dios te ve cambie la forma en que te ves a ti mismo.

CRECER EN LA GRACIA

Dios escoge verte como su maravillosa creación. ¿Cómo eliges ver a tu familia y amigos? Cada uno de ellos es una maravillosa creación de Dios. Tu mamá, tu papá, incluso tu hermana y tu hermano. Encuentra algo que te guste de cada uno de los miembros de tu familia y amigos, y luego diles lo que te gusta de ellos.

Una restauración completa

A Dios le gusta decorar. Él *tiene* que decorar. Permítasele vivir suficiente tiempo en un corazón y ese corazón comenzará a cambiar. Los cuadros de dolor serán reemplazados por paisajes de gracia. Los muros de ira caerán demolidos y se restaurarán los débiles cimientos. Dios no puede dejar una vida sin cambiar, como no puede una madre dejar sin secar las lágrimas de un hijo.

Esto podría explicar algunas de las molestias en tu vida. La remodelación del corazón no es siempre grata. No objetamos cuando el Carpintero agrega unos cuantos entrepaños, pero se lo conoce por echar abajo toda el ala derecha de la estructura. Él tiene grandes aspiraciones para ti. Prevé una restauración completa y no se detiene hasta que termina… Quiere que seas como Jesús.

Como Jesús

Para leer juntos

«Y cuál la supereminente grandeza de su poder para con nosotros los que creemos, según la operación del poder de su fuerza».

EFESIOS 1.19

«Les he escrito a ustedes, padres, porque han conocido al que es desde el principio. Les he escrito a ustedes, jóvenes, porque son fuertes, y la palabra de Dios permanece en ustedes, y han vencido al maligno».

I JUAN 2.14, NVI

Dios vive aquí

¿Alguna vez has decorado tu habitación? Tal vez agregaste un póster en ella y pusiste tu colección favorita en un sitio especial. Quizás incluso seleccionaste el color de las paredes, añadiste algunos objetos y cambiaste otros hasta sentir que *tú* vivías allí.

Bueno, a Dios también le encanta decorar. En realidad, él *tiene* que decorar. Déjalo vivir lo suficiente en un corazón, y ese corazón comenzará a cambiar. Él moverá un poco de perdón hacia una esquina, añadirá algunos estantes y los llenará con su Palabra. No obstante, los cambios no siempre son agradables. Es posible que te sientas un poco incómodo cuando Dios derribe ese muro de celos o ira, pero ese nuevo espíritu de bondad que él pone se verá y se sentirá en realidad bien. Luego Dios pintará todo tu corazón con amor, amor por él y amor por los demás.

Dios quiere realizar un cambio total en tu corazón. Así que no dejará de trabajar hasta que esté completamente terminado, hasta que parezca que *él* vive allí.

CRECER EN LA GRACIA

Decora tu habitación con la Palabra de Dios. Escribe versículos bíblicos favoritos en papeles adhesivos. A continuación, pégalos junto al interruptor de luz, por encima de tu almohada o en algún otro lugar donde de seguro puedas verlos. ¡A Dios le place cuando preparas una «habitación» para él!

La base del valor

«Por lo tanto, ya no hay ninguna condenación para los que están unidos a Cristo Jesús» (Romanos 8.1, NVI).

«… Dios […] justifica a los que tienen fe en Jesús» (Romanos 3.26, NVI).

Para los que estamos en Cristo estas promesas no son solo fuente de gozo, sino también la base de nuestro valor. Está garantizado que tus pecados serán pasados por un filtro y escondidos y cubiertos por el sacrificio de Jesús. Cuando Dios te mira, no te ve a ti, sino a aquel que te rodea. Esto significa que un fallo no debe ser motivo de preocupación para ti. Tu victoria está segura. No hay nada que temer.

Aplauso del cielo

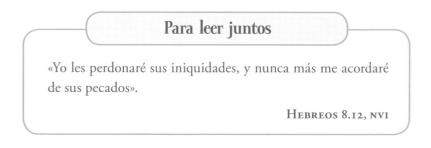

Para leer juntos

«Yo les perdonaré sus iniquidades, y nunca más me acordaré de sus pecados».

HEBREOS 8.12, NVI

¡Sé valiente!

La Biblia declara: «... ya no hay ninguna condenación para los que están unidos a Cristo Jesús» (Romanos 8.1, NVI). También afirma que Dios: «... justifica a los que tienen fe en Jesús» (Romanos 3.26, NVI).

¡Esa es una gran noticia para los hijos de Dios! Porque a veces, incluso cuando *quieres* hacer lo correcto, haces lo malo. Todos hacemos lo malo. ¡Por eso las promesas de Dios son tan maravillosas! Si crees en Jesús y le obedeces, Dios promete que todos tus pecados serán borrados y escondidos por Jesús. Entonces, cuando Dios te mira, no ve tu pecado; él ve al salvador, Jesús.

Eso significa que no tienes que preocuparte si cometes un error. Ya has ganado porque Jesús te salva. Confiar en esa promesa te da el valor para tratar de hacer lo correcto, incluso cuando sabes que podrías cometer un error. Confiar en esa promesa te permite ser valiente.

CRECER EN LA GRACIA

Reúne algunos amigos para jugar al escondite. Cuando te escondas, recuerda cómo Jesús esconde tus pecados y errores. ¡Y mientras buscas, recuerda cómo Dios promete nunca buscar tus pecados perdonados!

Nuestro sumo sacerdote

Mira cómo J. B. Phillips tranduce Hebreos 4.15:

No tenemos un Sumo Sacerdote sobrehumano que no comprende nuestras debilidades. Él mismo participó plenamente en toda la experiencia de tentación, excepto que nunca pecó.

Es como si él supiera que le diremos a Dios: «Dios, es fácil para ti allá arriba, no sabes lo difícil que es estar aquí abajo». Entonces él proclama con seguridad la habilidad de Jesús para comprendernos. Revisa una vez más las frases:

Él mismo. No un ángel. No un embajador. No un emisario, sino Jesús mismo.

Participó plenamente. No de forma parcial. No de manera aproximada. No en gran medida. ¡Del todo! Jesús compartió plenamente.

En toda la experiencia. Cada herida. Cada dolor. Todo el estrés, toda la tensión. Sin excepciones. Sin sustitutos. ¿Por qué? Para poder identificarse con nuestras debilidades.

En el ojo de la tormenta

Para leer juntos

«Porque no tenemos un sumo sacerdote que no pueda compadecerse de nuestras debilidades, sino uno que fue tentado en todo según nuestra semejanza, pero sin pecado».

Hebreos 4.15

Jesús sabe

Algunas personas podrían pensar: *Jesús, es fácil para ti allá arriba. Tú estás en el cielo. No sabes lo difícil que es aquí abajo.* Pero esas personas estarían equivocadas. La Biblia declara que él puede: «... compadecerse de nuestras debilidades...» (Hebreos 4.15, NVI).

Jesús lo sabe. Lo sabe porque *él mismo* dejó el cielo y vino a la tierra. Él no envió un ángel ni un mensajero. Y no vino como Dios, sino que tomó una completa forma humana.

¿Alguna vez te sientes enojado, asustado o abandonado? Jesús también se sintió así. ¿Sabías que Jesús una vez tuvo tu edad? Tuvo padres a los que debía obedecer y hermanos y hermanas con quienes llevarse bien. Se cayó, se quedó dormido, fue a la escuela, jugó con sus amigos, se rieron de él y también se sintió herido.

Jesús sabe todo lo que estás pasando. Es una de las razones por que vino a la tierra, para poder experimentar lo que se siente y así poder ayudarte a superarlo.

CRECER EN LA GRACIA

Jesús puede ayudarte porque «lo ha experimentado y ha pasado por eso». ¿Hay alguien a quien puedas ayudar porque has pasado por eso? Enseña a un niño más pequeño a atrapar una pelota. Camina con un preescolar asustado a la clase de Biblia. Ayuda a tu hermano o hermana a estudiar para un examen.

¿Quién es el sirviente?

Marta está preocupada por algo bueno. Jesús es su invitado para comer. Ella literalmente servirá a Dios. Su objetivo era complacer a Jesús. Pero cometió un error común y peligroso. A medida que rendía una labor para él, su tarea se hizo más importante que el Señor. Lo que comenzó como un modo de servir a Jesús, de forma lenta y sutil se convirtió en una manera de servirse a sí misma… Se olvidó de que la comida era para honrar a Jesús, y no a ella…

Es fácil olvidar quién es el sirviente y quién será servido.

Todavía remueve piedras

Para leer juntos

«… Marta se preocupaba con muchos quehaceres… Pero […] María ha escogido la buena parte, la cual no le será quitada».

Lucas 10.40-42

Servir a Jesús

Martha era una amiga querida de Jesús. Pero la Biblia nos enseña que ella se preocupó. Ella iba a recibir a Jesús para comer. ¡Realmente serviría a Dios! Quería que todo estuviera bien para Jesús. Pero cometió un grave error. Trabajaba tan duro para el Señor, que permitió que su trabajo fuera más importante que él.

¿Ven?, Martha quería que Jesús la alabara a ella por todo su buen trabajo. Olvidó que ella debía ser quien lo alabara a él por su trabajo. No recordó que la comida era en honor a Jesús. Lo que empezó como una forma de honrar al Señor se tornó en un modo de servirse a sí misma.

Es importante servir a Jesús. Pero no lo sirvas solo para que otros te vean. No lo sirvas para que otros estén contentos contigo ni para que digan cosas buenas de ti. Recuerda, tú eres el sirviente, y él es a quien debes servir.

CRECER EN LA GRACIA

¿Quieres asegurarte de servir a Jesús y no a ti mismo? Sirve en secreto. Encuetra algo que puedas hacer: sacar la basura, alimentar al perro, regar las plantas, pero no dejes que nadie sepa que lo hiciste. Los sirvientes secretos hacen sonreír a Dios.

Sembrar semillas de paz

¿Deseas ver un milagro? Siembra una palabra de amor profundamente en la vida de una persona. Abónala con una sonrisa y una oración, y mira lo que pasa.

Un empleado recibe un elogio. Una esposa recibe un ramo de flores. Se hornea una torta y se lleva a la puerta del vecino. Se le da un abrazo a una viuda. El empleado de una gasolinera recibe un galardón. Se elogia a un predicador.

Sembrar semillas de paz es como sembrar frijoles. No sabemos por qué funciona; solo sabemos que lo hace. Las semillas se plantan y la capa de suelo es empujada cuando germinan.

No olvides el principio. Nunca subestimes el poder de una semilla.

Aplauso del cielo

Para leer juntos

«Sembrad para vosotros en justicia, segad para vosotros en misericordia; haced para vosotros barbecho...».

OSEAS 10.12

Planta semillas de amabilidad

¿Deseas ver un milagro? Siembra una palabra de amor profundamente en la vida de una persona. Abónala con una sonrisa y una oración, y mira lo que pasa.

¿Quieres ver más milagros? Prepara un bocadillo para tu madre o tu padre sin que te lo pidan. Sonríele a tu maestro solo porque sí. Dale a un amigo una palmadita en la espalda cuando haya tenido un día difícil. Dibuja algo especial para una persona que esté enferma. Tráele el correo o el periódico a un vecino anciano. Ofrécete a limpiar cuando no es tu turno.

Sembrar semillas de amabilidad es como sembrar frijoles. No sabes cómo crecen ni porqué; pero solo lo hacen. Y de alguna forma esa pequeña semilla de amabilidad que tú plantes crecerá y se convertirá en un gran jardín de buenas acciones.

Nunca dudes del poder de una semilla.

CRECER EN LA GRACIA

Siembra algunas semillas de flores. Llena cada pieza de un cartón de huevos con tierra. Coloca una semilla en cada espacio. Puedes elegir petunias o boca de dragón. Agrega un poco de agua y luz de sol. Según crezcan, piensa cómo empezaron de ser pequeñas semillas. ¿Qué piensas que crecerá de una semilla de amabilidad?

Eres especial

Queremos saber cuánto durará el amor de Dios… No solo el Domingo de Resurrección cuando los zapatos nos brillan y nos arreglamos el cabello. Ni cuando me siento animado, positivo y listo para enfrentar el hambre mundial. No es ese momento. Porque yo sé cómo se siente respecto de mí en ese instante. Hasta yo mismo me gusto en esas ocasiones.

Quiero saber qué piensa de mí cuando reacciono bruscamente ante lo que se mueve, cuando mis pensamientos no son puros, cuando mi lengua corta hasta una roca. ¿Qué piensa entonces de mí?

¿Puede algo separarnos del amor que Cristo tiene por nosotros?

Dios respondió a nuestra pregunta antes de que se lo preguntáramos. Para que viéramos su respuesta, iluminó el cielo con una estrella; para que la escucháramos, llenó la noche con un coro; para que la creyéramos, hizo lo que ningún hombre jamás había soñado. Él se hizo carne y habitó entre nosotros.

Puso su mano sobre el hombro de la humanidad y dijo: «Ustedes son especiales».

En manos de la gracia

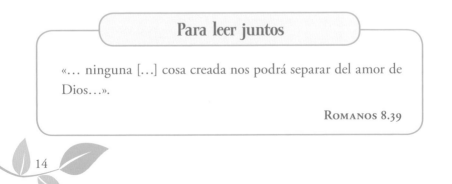

Para leer juntos

«… ninguna […] cosa creada nos podrá separar del amor de Dios…».

ROMANOS 8.39

14

Eres especial

¿Cuánto tiempo te amará Dios?

No solo en el Domingo de Pascua cuando tus zapados están brillantes y tu cabello peinado. No solo cuando te sientes feliz y amable. No solo entonces. Todo el mundo te ama entonces.

Pero ¿cómo se sentirá Dios sobre ti cuando te enojes con todos a tu alrededor? Cuando tengas pensamientos de odio y cuando retes a tus padres. ¿Cómo se siente Dios sobre ti entonces?

¿Puede algo separarte del amor que Jesús tiene para ti?

Dios respondió a nuestra pregunta antes de que se lo preguntáramos. Él respondió cuando iluminó el cielo con una estrella; cuando despertó a los pastores en la noche con un coro de ángeles; cuando envió a su único Hijo a nacer en un establo en Belén para salvarte.

Cuando Dios envió a su Hijo a vivir y morir en la tierra, él le decía a la humanidad: «Ustedes son especiales, nada podría evitar que los ame».

CRECER EN LA GRACIA

Los días malos suceden. Simplemente pasan. La próxima vez que te sientas despreciable o cuando hayas sido despreciado, pregúntale a tu madre si puedes utilizar un marcador que se borre en el espejo. Mírate en el espejo y dibuja un gran corazón alrededor de tu cara. Entonces escribe: «Jesús me ama, incluso hoy».

15

Dios sana nuestras heridas

La palabra griega que se traduce compasión es *splanjnízomai*, que seguramente no significa mucho para ti, a menos que estés en la profesión médica y estudies «Esplacnología» en la universidad. Si es así, recordarás que «esplacnología» es un estudio de… las entrañas.

Cuando Mateo escribe que Jesús tenía compasión de la gente no expresa que él sentía solo lástima por ellos. No, el término es mucho más gráfico. Mateo declara que Jesús sentía las heridas de ellos en sus propias entrañas:

Sentía la cojera del lisiado.

Sentía la herida del enfermo.

Sentía la soledad del leproso.

Sentía la vergüenza del pecador.

Y una vez que sintió sus heridas, no pudo dejar de sanarlas.

En el ojo de la tormenta

Para leer juntos

«… Jesús […] tuvo compasión de ellos…».

MATEO 14.14, NVI

Jesús siente nuestras heridas

El Evangelio de Mateo fue escrito primero en griego. La palabra griega para «sentir pena» es *splanjnízomai*. Como es probable que no hayas estudiado esta palabra *splanjnízomai* en la escuela, no significará mucho para ti. Su significado es: «en el intestino».

Así que, cuando Mateo escribió que Jesús sentía lástima por las personas, no quiso decir que se sintiera solo un poco triste por ellos. No, es mucho más fuerte. Lo que Mateo declara es que Jesús sintió el dolor de ellos como un puñetazo en el intestino:

Sintió la cojera del lisiado.
Sintió el dolor del enfermo.
Sintió la soledad del leproso.
Sintió la vergüenza del pecador.

Y cuando Jesús sintió sus dolores, no pudo evitar sanar sus dolencias.

CRECER EN LA GRACIA

¿Por quién sientes pena? ¿Es por alguien de tu clase de quien siempre se burlan? ¿Es por el huérfano de otro país que ves en la televisión? ¿Es por alguien que no conoce a Jesús? No solo sientas pena por ellos. Pide a Jesús que te muestre cómo puedes ayudar.

Tu día está llegando

Algunos nunca han ganado un premio. Ah, quizás fueron oficiales en su tropa de niños exploradores o encargados de los refrescos en la fiesta colegial de Navidad, pero eso es todo. Nunca han ganado mucho. Han contemplado a los grandes deportistas de este mundo llevarse los trofeos y salir con las cintas de honor. Todo lo que les ha quedado es decir: «Por poco» y «qué tal si…».

Si te identificas con esto, apreciarás esta promesa: «… cuando aparezca el Pastor supremo, ustedes recibirán la inmarcesible corona de gloria» (1 Pedro 5.4, NVI).

Tu día se acerca. Lo que el mundo ha pasado por alto, tu Padre lo ha recordado, y más pronto de lo que puedes imaginar, recibirás su bendición.

Cuando Cristo venga

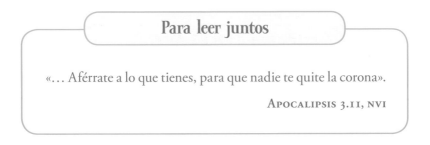

Para leer juntos

«… Aférrate a lo que tienes, para que nadie te quite la corona».

APOCALIPSIS 3.11, NVI

Tu día está llegando

Algunos de ustedes nunca han ganado un premio en su vida. Tal vez tienes una cinta que recibiste por participar en una actividad de la escuela. Quizás incluso ganaste un juguete barato en el juego de globos en la feria. Pero nunca has ganado nada en verdad importante. Has visto cómo las personas famosas de este mundo llevan a casa los trofeos y las cintas azules. Es posible que creas que todo lo que tú tienes son reconocimientos como «casi» y «podrías haber sido».

Si esto te suena familiar, entonces te interesará esta promesa: «Así, cuando aparezca el Pastor supremo, ustedes recibirán la inmarcesible corona de gloria» (1 Pedro 5.4, NVI).

¡Viene tu día! Puede que el mundo no vea lo grande que eres, pero tu Padre sí te ve. ¡Y antes de que lo puedas imaginar, serás bendecido por él!

CRECER EN LA GRACIA

Prepara tu propia corona de papel cartulina. Corta una tira del largo suficiente como para ponerla alrededor de tu cabeza. Decórala con marcadores y joyas de plástico; a continuación, une los extremos con una engrampadora. Recuerda que, aunque esta corona no dure, Jesús ha prometido darte una corona que durará para siempre.

Dios siempre da su gracia

Nuestras preguntas revelan nuestra falta de comprensión:

¿Cómo puede Dios estar en todas partes al mismo tiempo? (¿Quién dice que Dios está limitado por su cuerpo?).

¿Cómo puede Dios escuchar todas las oraciones que se le dirigen? (Tal vez sus oídos son diferentes de los nuestros).

¿Cómo puede Dios ser el Padre, el Hijo y el Espíritu Santo? (¿Será que en los cielos rigen diferentes leyes físicas que en la tierra?)

Si las personas aquí en la tierra no me perdonan, ¿cuánto más soy yo culpable ante un Dios santo? (Ah, exactamente lo contrario. Dios es siempre capaz de otorgar gracia cuando nosotros los humanos no podemos. Él inventó la gracia).

La gran casa de Dios

Para leer juntos

«… todas las cosas son posibles para Dios».

MARCOS 10.27

Preguntas

Las preguntas que hacemos muestran las cosas que no entendemos. Tal vez tengas preguntas como las siguientes:

¿Cómo puede Dios estar en todas partes a la vez? *Dios no vive en un cuerpo como el tuyo, por eso él puede hacer cosas que tu cuerpo no puede hacer.*

¿Cómo puede Dios escuchar las oraciones de todas las personas? *Tal vez sus oídos son diferentes a los tuyos.*

¿Cómo puede Dios ser el Padre, el Hijo y el Espíritu Santo; todo a la vez? *¿Podría ser que las leyes naturales del cielo son diferentes a las de la tierra?*

Si las personas aquí en la tierra no me perdonan, ¿cómo podría Dios perdonarme? *Dios siempre puede perdonar, darte su gracia, incluso cuando las personas no pueden o no quieren. Dios siempre puede darte su gracia porque él fue quien la creó.*

CRECER EN LA GRACIA

¿Tienes alguna pregunta sobre Dios? Pregunta a tu mamá o papá, maestro, predicador o líder de los jóvenes. Pídeles que te ayuden a buscar una respuesta en la Biblia. ¡La Palabra de Dios es siempre el mejor lugar para buscar respuestas!

¡Mira lo que Dios ha hecho!

Cuán vital es que oremos armados con el conocimiento de que Dios está en el cielo. Sin esa convicción, tus oraciones serán tímidas, triviales y vacías. Pero dedica algún tiempo a caminar por el taller de los cielos y a ver lo que Dios ha hecho, entonces observarás cómo tus oraciones adquieren energía.

¡He aquí el sol! Cada metro cuadrado del sol emite constantemente 130.000 caballos de fuerza, o el equivalente a 450 motores de automóvil de ocho cilindros. Y, sin embargo, nuestro sol, con todo lo poderoso que es, es una pequeña estrella en los 100.000 millones de orbes que componen nuestra galaxia: la Vía Láctea. Toma una monedita de diez centavos y extiende el brazo hacia el cielo dejando que la moneda eclipse tu visión. Habrás bloqueado quince millones de estrellas de tu vista… Al mostrarnos los cielos, Jesús nos muestra el taller de su Padre… Nos toca en el hombro y nos dice: «Tu Padre puede encargarse de eso por ti».

La gran casa de Dios

Para leer juntos

«Los cielos cuentan la gloria de Dios…».

SALMOS 19.1

¡Mira lo que Dios ha hecho!

Es importante orar. Pero también es importante creer que Dios está en el cielo y contesta tus oraciones. Orar sin creer debilita tus oraciones. Si tienes problemas para creer, pasa un tiempo mirando el sol, la luna y las estrellas. Estos astros muestran el poder y la majestad de Dios. ¡Solo observa y descubre las grandes cosas que Dios ha hecho!

Piensa en el sol. Cada metro cuadrado emite una potencia de más de 450 motores de automóviles. Y sin embargo, nuestro sol, aunque tan poderoso, es solo una pequeña estrella de las 100.000 millones de estrellas que componen nuestra galaxia de la Vía Láctea. Sostén un centavo con tus dedos y extiende el brazo hacia el cielo nocturno. ¡Ese pequeño centavo bloquea más de 15 millones de estrellas de tu vista!

Al mostrarnos los cielos, Jesús nos presenta la majestuosidad de su Padre. Es como si Jesús te tocara en el hombro y dijera: «Tu Padre hizo todo eso para que puedas creer que él puede cuidarte».

CRECER EN LA GRACIA

Busca en la biblioteca un libro sobre las constelaciones. Luego, en una noche despejada toma una manta y acuéstate bajo el cielo estrellado. ¿Puedes encontrar la Osa Mayor? ¿Ves la Osa Menor? ¿Logras ver la Estrella del Norte? ¿Cuántas estrellas puedes contar? ¡Recuerda, el Dios que conoce cada una de esas estrellas también te conoce!

Buenas costumbres

Me agrada la historia del niño que se cayó de la cama. Cuando la mamá le preguntó lo que había sucedido, respondió: «No sé, supongo que me quedé demasiado cerca del borde de la cama».

Es fácil hacer lo mismo con nuestra fe. Es tentador quedarnos donde entramos y no movernos nunca.

Piensa en algún momento del pasado no tan remoto. Un año o dos atrás. Formúlate ahora unas cuantas preguntas. ¿Cómo se compara tu vida de oración actual con la de entonces? ¿Qué tal tus ofrendas? ¿Han incrementado en cantidad y gozo? ¿Qué de tu lealtad a la iglesia? ¿Puedes decir que has crecido? ¿Y del estudio bíblico? ¿Estás aprendiendo a aprender?

No incurras en el error del niño. No te quedes tan cerca de donde entraste. Es arriesgado descansar en el borde.

Cuando Dios susurra tu nombre

Para leer juntos

«Por tanto, dejando ya los rudimentos de la doctrina de Cristo, vamos adelante a la perfección…».

HEBREOS 6.1

Buenas costumbres

Me agrada la historia del niño que se cayó de la cama. Cuando la mamá le preguntó lo que había sucedido, respondió: «No sé. Supongo que me quedé muy cerca del borde de la cama». Es fácil hacer lo mismo con nuestra fe. Es fácil simplemente quedarte donde estás. Pero justo como tú creces y aprendes más en la escuela, también es tiempo de crecer y aprender más en Cristo. Empieza algunas costumbres de fe como estas:

- Ora todos los días, no solo una palabra rápida a la hora de comer, sino también una conversación sincera con Dios donde le cuentes cómo fue tu día.
- Lee al menos un versículo de la Escritura todos los días.
- Memoriza un versículo cada semana.
- Asiste a la iglesia y al estudio bíblico.
- Decide hacer algo bueno por otra persona cada día.

No cometas el error que cometió el niño. No te quedes cerca del borde de la cama. ¡Métete y empieza a crecer en tu fe!

CRECER EN LA GRACIA

A medida que crezcas, anota tu crecimiento en la fe. Marca en una tabla tu crecimiento físico y también tu crecimiento espiritual. ¿Cómo memorizar un versículo? Escríbelo en la tabla de crecimiento y pon una fecha. ¿Cómo ayudar a alguien a aprender sobre Jesús? Escríbelo. Mira cuán «alto» puedes crecer en tu fe.

Un corte superior

La palabra *santo* significa «separado». El origen del término puede encontrarse en una antigua palabra que significa «cortar». Entonces, ser santo es ser de un corte por encima de la norma, superior, extraordinario… El Santo habita en un nivel diferente del resto de nosotros. Lo que nos atemoriza a nosotros no lo asusta a él. Lo que nos atribula, a él no lo aflige.

De marinero no tengo mucho, pero he andado lo suficiente en un barco de pesca como para saber lo que significa llegar a tierra en medio de una tormenta.

No debes enfocarte en otro barco ni fijar tu vista en las olas. Debes dirigir tu mirada hacia un objeto que no sea movido por el viento (una luz en la costa) y avanzar directamente hacia él.

Cuando pones la mirada en nuestro Dios, fijas la vista en uno «de un corte superior» a todas las tormentas de la vida… Y encuentras paz.

La gran casa de Dios

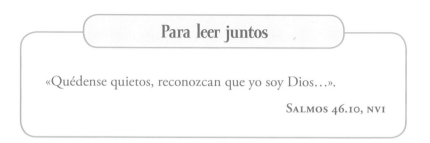

Para leer juntos

«Quédense quietos, reconozcan que yo soy Dios…».

SALMOS 46.10, NVI

Un corte superior

La palabra *santo* significa «separarse». El significado de la palabra se remonta a los tiempos antiguos, cuando se refería a «cortar». Entonces, ser santo es ser de un corte superior... mejor que el resto... extraordinario. Eso es Dios. Él está por encima de nosotros. Lo que nos asusta, no lo asusta a él. Lo que nos preocupa, no lo preocupa a él.

No soy un gran marinero, pero he estado en una barca pesquera muchas veces y sé cómo encontrar tierra durante una tormenta. No se dirige la barca hacia otra barca, porque podría navegar por el rumbo equivocado. No te pones a mirar las olas, ellas siempre se mueven. Enfocas tu mirada en algo que no es empujado por el viento, como una luz en la orilla, y te diriges hacia ese objeto.

Cuando la vida es tormentosa, no sigas a tus amigos, es posible que ellos vayan por el camino equivocado. No te enfoques en tus problemas, siempre vienen y van. Pon tu mirada en aquel que permanece firme: Dios. Él es «superior» a todas las tormentas.

CRECER EN LA GRACIA

¿Acaso importa en qué enfocas tu mirada? Prueba esto: toma una pelota de fútbol y elige un objeto distante (como un árbol) como tu blanco. Lanza la pelota al blanco, pero no lo mires. Mira a la derecha o a la izquierda. ¿Erraste tu blanco? Inténtalo de nuevo, esta vez mantén los ojos en el blanco. ¿Mejor? ¡Mantén siempre los ojos en el blanco, y en Dios!

La bondad de Dios

¿Has notado que Dios no te pide que demuestres que dispones sabiamente de tu sueldo? ¿Has notado que Dios no suspende tu abastecimiento de oxígeno cuando haces mal uso de sus dones? ¿No te alegras de que Dios no te concede solo aquello por lo que recuerdas darle gracias?

La bondad de Dios brota de su naturaleza, no de nuestros merecimientos.

Alguien preguntó a un colaborador mío: «¿Qué precedente bíblico tenemos para ayudar al pobre que no tiene deseos de hacerse cristiano?».

Mi amigo respondió con una sola palabra: «Dios».

Dios lo hace cada día con millones de personas.

En el ojo de la tormenta

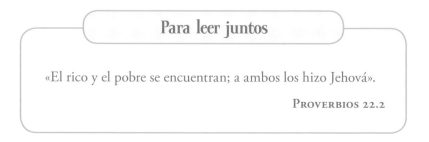

Para leer juntos

«El rico y el pobre se encuentran; a ambos los hizo Jehová».

PROVERBIOS 22.2

La bondad de Dios

¿Te has dado cuenta de que Dios no pide que demuestres que aprovecharás bien tu tiempo? ¿Has notado que Dios no retira tu suministro de aire cuando te equivocas? ¿Acaso no te alegras de que él no te dé solo aquellos regalos por los que recuerdas darle las gracias?

Dios es bueno contigo porque Dios *es* bueno. Así es él. Te bendice porque es bueno, no porque lo merezcas.

Alguien preguntó una vez a un amigo mío: «¿Por qué deberíamos ayudar a los pobres que ni siquiera quieren ser cristianos?».

Mi amigo solo respondió: «Porque Dios los ayuda».

¿Ayudaría Dios a los que no lo aman? ¿Aquellos que ni siquiera quieren conocerlo? ¡Sí! La Biblia muestra que Dios los ayuda, y lo hace todos los días a millones de personas.

CRECER EN LA GRACIA

Dios bendice incluso a los que no lo aman. Para nosotros eso puede ser algo difícil de hacer. ¿Puedes bendecir a alguien a quien no le gustes? ¿Te sería posible sonreír al hostil? ¿Serías capaz de ofrecer ayuda al vecino antipático? Podrías hacer un nuevo amigo.

Una vida sin Dios

Como el hedonista nunca ha visto la mano que hizo el universo, da por sentado que no hay vida más allá de aquí y ahora. Cree que no hay verdad más allá de esta habitación, ni propósito más allá de su propio placer. No hay factor divino. No se preocupa por lo eterno.

El hedonista afirma: «¿Qué importa? Puede que yo sea malo, ¿y qué? Lo que hago es asunto mío». Está más interesado en satisfacer sus pasiones que en conocer al Padre. Su vida está tan desesperada por tener placeres que no tiene tiempo ni lugar para Dios.

¿Hace bien? ¿Esta bien consumir nuestros días haciendo muecas a Dios y dándonos la gran vida?

Pablo responde: «¡Claro que no!».

Según Romanos 1, perdemos más que vitrales cuando desechamos a Dios. Perdemos nuestra norma, nuestro propósito y nuestra adoración.

En manos de la gracia

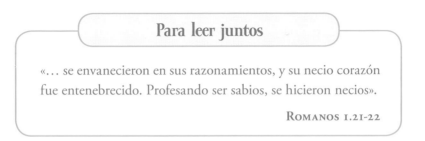

Para leer juntos

«… se envanecieron en sus razonamientos, y su necio corazón fue entenebrecido. Profesando ser sabios, se hicieron necios».

ROMANOS 1.21-22

Una vida sin Dios

Hay personas que viven solo para hacerse felices. Y porque no han visto a Dios en persona, creen que no hay vida más allá de aquí y ahora. Para ellos nada es real, excepto lo que pueden ver. Nada es importante excepto su propia felicidad, y no hay Creador ni existe el cielo.

Estas personas dicen: «¿A quién le importa? Puedo ser malo, pero ¿y qué? Lo que yo haga es asunto mío». Ellos están más preocupados por divertirse que por conocer al Padre. Están tan ocupados en tener buenos momentos que no tienen tiempo para Dios.

¿Están bien? ¿Está bien pasar nuestros días ignorando a Dios y solo pensar en nosotros? ¡Absolutamente no!

Pablo nos enseñó en Romanos 1 que cuando ignoramos a Dios, perdemos más que la iglesia los domingos. Perdemos la razón por la que fuimos creados.

CRECER EN LA GRACIA

Muchas personas no creen que Dios sea real ni que se interese por nosotros. Puede ser difícil compartir la Palabra de Dios con ellos. Pero algo que no pueden ignorar es la forma en que tú vives. Vive como Jesús, ama a los demás más que a ti mismo. Entonces el mensaje de Dios será fuerte y claro.

Solo una cosa vale la pena

Piensa en el día en que Cristo venga. Allí estás en el gran círculo de los redimidos… Aunque eres uno más entre la multitud, es como si tú y Jesús estuvieran solos…

Estoy conjeturando ahora, pero me pregunto si Cristo te dirá: «Estoy orgulloso de que me permitiste usarte. Gracias a ti, otros están hoy aquí. ¿Te gustaría conocerlos?».

En ese momento Jesús pudiera dirigirse a la multitud e invitarlos… Uno por uno, comienzan a salir de la multitud y a dirigirse hacia ti.

El primero es tu vecino, un tipo viejo y tosco, que vivía al lado de tu casa. Para ser franco, no esperabas verlo. «Nunca supiste que yo te observaba —te explica—, pero lo hacía. Y gracias a eso estoy aquí».

En poco tiempo tú y tu Salvador están rodeados por ese conjunto de almas que has tocado. A algunos los conoces, a la mayoría no, pero sientes lo mismo por cada uno… lo que sentía Pablo: «Vosotros sois nuestra gloria y gozo» (1 Tesalonicenses 2.20).

Cuando Cristo venga

Para leer juntos

«… Cosas que ojo no vio […] ni han subido en corazón de hombre, son las que Dios ha preparado para los que le aman».

1 Corintios 2.9

Gracias a ti

Piensa en el día en que Jesús regrese. Allí estás en el cielo rodeado de todos los demás cristianos que fueron salvos. Aunque eres uno entre muchas personas, es como si tú y Jesús estuvieran solos.

Me pregunto si él te dirá estas palabras: «Estoy tan orgulloso de ti por permitirme usarte. Gracias a ti, otros están aquí hoy. ¿Te gustaría conocerlos?».

Y, uno por uno, las personas empiezan a dar un paso adelante. La primera es esa vecina anciana antipática. ¡No pensaste que la verías en el cielo! Ella dice: «Nunca supiste que te observaban cuando hacías buenas obras para todos en el vecindario, pero yo sí. Y, gracias a ti, estoy aquí».

No pasará mucho tiempo antes de que tú y Jesús estén rodeados de todas las personas que has impactado. Conoces a algunas, y a otras no. Pero estás tan feliz por cada una de ellas. Y qué maravilloso escuchar a Jesús decir: «Estoy tan orgulloso de tu fe» (ver 1 Tesalonicenses 2.20).

CRECER EN LA GRACIA

Alguien siempre está observando lo que haces, incluso si no lo sabes. Así que... ¿eres tú el que copia durante el examen? ¿El que miente sobre el vaso roto? ¿O eres el que arregla el desorden que no hiciste? ¿El que recoge la basura del patio del vecino? ¿Quién eres cuando nadie te mira?

Valentía ante el trono

Jesús nos enseña: «Vosotros, pues, oraréis así: Padre nuestro que estás en los cielos, santificado sea tu nombre. Venga tu reino...» (Mateo 6.9-10).

Cuando pides: «Venga tu reino», haces una invitación a que el Mesías mismo entre en tu mundo: «¡Ven, Rey mío! Establece tu trono en nuestra tierra. Quédate en mi corazón, en mi oficina y en mi matrimonio. Sé el Señor de mi familia, de mis temores y mis dudas». Esta no es una débil petición: es una osada apelación a Dios para que ocupe cada rincón de tu vida.

¿Y quién eres para hacer tal petición? ¿Quién eres para pedir a Dios que tome las riendas de tu mundo? ¡Santo cielo, eres su hijo! Y por eso pides con osadía.

La gran casa de Dios

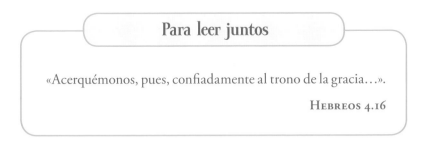

Para leer juntos

«Acerquémonos, pues, confiadamente al trono de la gracia...».

HEBREOS 4.16

Una oración valiente

Jesús enseñó: «Ustedes deben orar así: "Padre Nuestro que estás en el cielo, santificado sea tu nombre, venga tu reino..."» (Mateo 6.9-10, NVI).

Cuando pides: «Que venga tu reino», invitas a Dios mismo a caminar en tu mundo. Le pides que sea el Señor de tu vida, de toda tu vida. Afirmas que deseas que su voluntad gobierne tu corazón y que todo lo que digas y hagas sea agradable a él. Declaras que anhelas que Dios guíe tus relaciones con la familia y los amigos. Y esperas que él se haga cargo de tus dudas y temores.

Esta no es una oración insignificante. Le pides a Dios con valentía y determinación que entre en cada rincón de tu vida.

¿Y quién eres tú para preguntar algo así? ¿Quién eres tú para pedir a Dios que tome el control de tu mundo? *¡Tú eres su hijo!*

CRECER EN LA GRACIA

La próxima vez que no estés seguro de por qué orar, busca la oración del padrenuestro en Mateo 6.9-13. Jesús oró para que el reino de Dios viniera y se hiciera su voluntad, por las necesidades diarias, por el perdón y para recibir protección del maligno. Practica la oración como lo hizo Jesús.

El único proveedor, el único consolador

Mientras Jesús sea considerado como una de tantas opciones, no es una opción.

Mientras puedas llevar tus cargas, no necesitas quien te las lleve. Mientras tu situación no te produzca dolor, no recibirás consuelo. Mientras tengas la posibilidad de tomarlo o dejarlo, más vale que lo dejes, porque no es posible tomarlo a medias.

Pero cuando estés afligido, cuando llegues al punto de sentir dolor por tus pecados, cuando reconozcas que no tienes otra alternativa que echar tus cargas sobre él, y cuando en verdad no haya otro nombre al que puedas invocar, echa tus cargas sobre él, porque él estará esperando en medio de la tormenta.

Aplauso del cielo

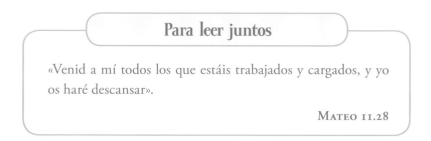

Para leer juntos

«Venid a mí todos los que estáis trabajados y cargados, y yo os haré descansar».

MATEO 11.28

Solo Jesús

Mientras Jesús sea solo una entre muchas opciones, es probable que no lo escogerías a él.

Mientras creas que puedes resolver todos tus problemas por ti mismo, no necesitas a alguien que los solucione. Mientras te sientas feliz, no necesitas consuelo. Mientras prefieras seguir a tus amigos de lunes a sábado y seguir a Jesús solo el domingo, en realidad no sigues en absoluto a Jesús. Él quiere que lo sigas todos los días, no solo un poco el domingo.

Pero cuando te des cuenta de que has pecado y tu corazón esté triste a causa de tus pecados, Jesús te estará esperando. Cuando estés listo para darle todas tus inquietudes y preocupaciones, él estará allí. Cuando tus problemas caen a tu alrededor de manera inesperada como rayos en una tormenta, Jesús estará allí en medio de la tempestad, él espera para salvarte.

CRECER EN LA GRACIA

Algunos sustitutos están bien, como la margarina en lugar de la mantequilla. Pero otros no lo son. Prueba esto: usa un paquete de mezcla de bebidas en polvo, pero usa harina en lugar de azúcar. ¿Funcionó? ¡No! La fe es igual. Algunas personas ponen su fe en el dinero, en los amigos o la fama, ¡pero no hay sustituto para Jesús!

Guiado por el Espíritu

De tanto escucharnos pensarán que no creemos lo que dice este versículo. Pensarán que no creemos en la Trinidad. Hablamos sobre el Padre y estudiamos al Hijo; pero cuando se trata del Espíritu Santo, en el mejor de los casos estamos confundidos y en el peor, atemorizados. Confundidos porque nunca nos han enseñado. Atemorizados porque se nos ha enseñado que temamos.

¿Me permites que simplifique un poco las cosas? El Espíritu Santo es la presencia de Dios en nuestra vida, y lleva a cabo la obra de Jesús. El Espíritu Santo nos ayuda en tres sentidos:

En nuestro interior (al concedernos el fruto del Espíritu, Gálatas 5.22-24).

Hacia arriba (al interceder por nosotros, Romanos 8.26).

Hacia afuera (al derramar el amor de Dios en nuestros corazones, Romanos 5.5).

Cuando Dios susurra tu nombre

Para leer juntos

«… todos los que son guiados por el Espíritu de Dios, éstos son hijos de Dios».

ROMANOS 8.14

El Espíritu Santo

Oímos a muchas personas hablar de Dios y de Jesús. Pero cuando se trata del Espíritu Santo, nadie dice mucho. Y a veces pensar en un «espíritu» puede ser confuso, tal vez incluso aterrador. Pero la verdad es que estamos confundidos porque nadie nos ha enseñado sobre el Espíritu. Y tenemos miedo porque no entendemos al Espíritu.

Hablemos un poco más sencillo. No debemos tener miedo del Espíritu Santo, él es un don de Dios. Es la presencia de Dios vivo que mora en nosotros y lleva a cabo la obra de Jesús en nuestra vida.

El Espíritu Santo obra de tres maneras:

Ayuda a nuestro corazón al darnos el fruto del Espíritu (Gálatas 5.22-24).

Ora a Dios por nosotros cuando no sabemos qué decir (Romanos 8.26).

Derrama el amor de Dios en nuestros corazones (Romanos 5.5).

¡El Espíritu Santo es Dios que vive en ti, y por eso no debes temer!

CRECER EN LA GRACIA

Infla un globo y átalo. ¿Puedes ver el aire dentro? No. Pero puedes ver cómo el aire llena el globo. La obra del Espíritu Santo es parecida a eso. No puedes verlo. Pero el Espíritu te llena de la presencia de Dios.

Dios te ama de un modo extraordinario

Dios nos salva por muchas razones: para gloria suya, para aplacar su justicia, para demostrar su soberanía. Pero una de los más dulces motivos es que Dios te salvó porque te ama. Le agrada tenerte cerca y cree que eres lo mejor que ha surgido en mucho tiempo…

Si Dios tuviera un refrigerador, tu retrato estaría fijado allí. Si tuviera una billetera, tu foto estaría en ella. Te envía flores cada primavera y una salida de sol cada mañana. Siempre que quieras hablarle, te escucha. Él puede vivir donde desee en todo el universo, pero escogió tu corazón.

Convéncete. Dios te ama de un modo extraordinario.

El trueno apacible

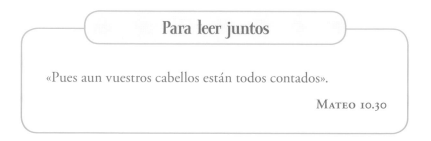

Para leer juntos

«Pues aun vuestros cabellos están todos contados».

MATEO 10.30

Dios te ama de un modo extraordinario

Hay muchas razones por las que Dios te salva. Le trae gloria. Te permite venir a él sin ningún pecado. Demuestra que es el Señor de todos. Pero una de las razones más dulces por que Dios te salva es porque te *ama*. Le gusta tenerte cerca. Él piensa que eres lo mejor que hay junto con la mantequilla de maní.

Si Dios tuviera un refrigerador, tu foto estaría en la puerta. Si Dios tuviera una billetera, tu foto estaría en ella. Él te envía flores cada primavera y un amanecer cada día. Cuando quieres hablar, él te escucha. Dios puede vivir donde desee en todo el universo, en la montaña más alta o en la playa más hermosa. Pero él elige vivir en tu corazón.

Créelo, amigo. ¡Dios te ama de un modo extraordinario!

CRECER EN LA GRACIA

Dios te ama de un modo extraordinario. Muéstrale al mundo que también lo amas así. Juan 3.16 es la imagen perfecta de Dios. Pon este versículo en la puerta de tu refrigerador. Cuélgalo en tu pared. Escríbelo en tus cuadernos. ¡Dile al mundo cómo es Dios!

Una explosión de amor

En ocasiones Dios se conmueve tanto por lo que ve, que nos da lo que necesitamos y no simplemente lo que le pedimos.

Eso es bueno. Pues ¿a quién se le hubiera ocurrido pedirle a Dios lo que nos da? ¿Quién de nosotros se habría atrevido a decirle: «Dios, ¿pudieras colgarte en un instrumento de tortura como sustituto por cada error que yo haya cometido?» Y luego tener la audacia de agregar: «Y después de haberme perdonado, ¿podrías prepararme un lugar en tu casa para morar para siempre?».

Como si esto no bastara: «¿Y por favor, pudieras morar dentro de mí, protegerme, guiarme y bendecirme más de lo que jamás podría merecer?».

Francamente, ¿tendríamos la desfachatez de hacer tales peticiones?

Jesús ya conoce el costo de la gracia. Sabe el precio del perdón. Sin embargo, aun así te ofrece estas bendiciones. En su corazón hay una explosión de amor.

Todavía remueve piedras

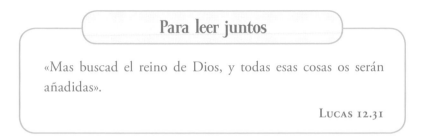

Para leer juntos

«Mas buscad el reino de Dios, y todas esas cosas os serán añadidas».

LUCAS 12.31

¿Quién preguntaría?

Dios nos ama tanto que no solo nos da las cosas que le pedimos, como la buena salud y su ayuda con la familia y la escuela, sino que también nos da lo que necesitamos: un Salvador.

Y eso es algo bueno. Porque quién se atrevería a decir: «Dios, ¿podrías borrar todos mis pecados y errores colgándote de una cruz?» ¿Quién se atrevería a añadir: «Y después de perdonarme, ¿podrías preparar un lugar en tu casa para que yo viva allí para siempre?».

Y si eso no fuera suficiente, ¿habrías pensado alguna vez en preguntar: «Por favor Dios, ¿vivirías en mi corazón y me protegerías, guiarías y bendecirías con más de lo que yo jamás podría imaginar o merecer?».

Honestamente, ¿acaso tendríamos el valor de pedir eso?

Jesús ya sabe el precio de perdonarnos. Ya conoce el costo de la gracia. Pero de todos modos nos da su gracia.

CRECER EN LA GRACIA

Para ayudarte a saber cuánto Dios te ama, escribe Juan 3.16 en una tarjeta. Escribe tu nombre en el espacio en blanco: «Porque de tal manera amó Dios a [tu nombre], que ha dado a su Hijo unigénito, para que [tu nombre] y todo aquel que en él cree, no se pierda, mas tenga vida eterna».

Escucha su voz

Déjame decirte algo importante. Nunca habrá un momento en que Jesús no hable. Nunca existirá un lugar en que Jesús no esté presente. Jamás existirá una habitación tan oscura… una sala tan sensual… una oficina tan sofisticada… en que el siempre presente, siempre persuasivo y tierno Amigo no esté tocando suavemente a la puerta de nuestros corazones… en espera de que lo invitemos a pasar.

Pocos oyen su voz. Menos son los que abren la puerta.

Pero nunca interpretes nuestra insensibilidad como su ausencia. Porque en medio de las efímeras promesas del placer está la perdurable promesa de su presencia.

«… les aseguro que estaré con ustedes siempre, hasta el fin del mundo» (Mateo 28.20, NVI).

No hay coro que cante tan alto que no pueda escucharse la voz de Dios… si nos decidimos a escuchar.

En el ojo de la tormenta

Para leer juntos

«… Nunca te dejaré; jamás de abandonaré».

HEBREOS 13.5, NVI

Escucha su voz

Permíteme decirte algo de gran importancia. Nunca habrá un momento en que Jesús no hable. Nunca habrá un lugar donde Jesús no esté presente. Jamás existirá una habitación tan oscura donde tu mejor Amigo no esté cerca. Él siempre está presente, siempre busca, siempre es tierno. Es como si golpeara suavemente a la puerta de tu corazón en espera de que lo invites a entrar.

No muchos oyen su voz. Pocos son los que le abren la puerta de sus corazones.

Pero eso no significa que él no esté allí. Porque sí está. Él prometió que siempre estaría contigo: «... les aseguro que estaré con ustedes siempre, hasta el fin del mundo» (Mateo 28.20, NVI).

Algunas personas en este mundo pueden decirte que dejes de escuchar a Jesús. Pueden decirte que lo que Dios dice que es malo en realidad no lo es. No los escuches. Abre tu Biblia y presta atención a la voz de Jesús. Su Palabra te hablará... si decides escuchar.

CRECER EN LA GRACIA

Algunas mañanas pueden ser bastante frías. Utiliza esas mañanas frías para ayudarte a recordar que Dios está en todas partes. Respira profundo y observa las nubes blancas y ensanchadas. Normalmente no vemos el aire, pero el frío nos permite verlo. Y al igual que el aire, Dios está en todas partes, aunque no lo veamos.

Dios escucha nuestras oraciones

Cuando un amigo le contó a Jesús de la enfermedad de Lázaro le dijo: «... Señor, he aquí el que amas está enfermo» (Juan 11.3). No basa su petición en el imperfecto amor de quien está necesitado, sino en el perfecto amor del Salvador. No le dice: «El que "te ama" está enfermo», sino: «El que "tú amas" está enfermo». El poder de la oración, en otras palabras, no depende de quien hace la oración, sino de quien oye la oración.

Podemos y debemos repetir la frase en diversas formas: «El que amas está cansado, triste, hambriento, solitario, temeroso, deprimido». Las palabras de la oración varían, pero la respuesta nunca cambia. El Salvador oye la oración. Él hace que el cielo guarde silencio para no perder ni una sola palabra. Él oye la oración.

La gran casa de Dios

Para leer juntos

«Claman los justos, y Jehová oye, y los libra de todas sus angustias».

SALMOS 34.17

Dios escucha nuestras oraciones

Un amigo se acercó a Jesús para decirle que Lázaro estaba enfermo: «... Señor, he aquí el que amas está enfermo» (Juan 11.3).

El hombre no vino a Jesús para hablar sobre el amor imperfecto de Lázaro por Jesús. Él no dijo: «"El que te ama" está enfermo». No. Este amigo recordó a Jesús su amor perfecto por Lázaro. «El que amas está enfermo».

Cuando hablas con Jesús en oración, el poder de la oración no está en ti que dices la oración. El poder está en el Señor, que escucha la oración.

Así que cuando oras, puedes utilizar las mismas palabras que el amigo de Lázaro: «El que amas está enfermo... cansado... triste... hambriento... solo... temeroso». Puedes orar de esta manera, porque *tú* eres el que Jesús ama.

Las palabras de tus oraciones pueden cambiar, pero lo que Jesús hace nunca cambia. Tu Salvador nunca ignora una palabra. Él escucha tu oración.

CRECER EN LA GRACIA

Escuchar tus oraciones es solo una manera en que Jesús muestra su amor. Escribe tus oraciones esta semana. Anota todas las diferentes formas en que Jesús dice: «Te amo». Desde el amanecer que él ha pintado solo para ti, el aire que respiras y hasta las estrellas que brillan en el cielo.

Noches oscuras, luz de Dios

Uno se pregunta si es una bendición o una maldición tener una mente que no se queda quieta. Pero prefiere ser cínico que hipócrita, y continúa su oración con un ojo abierto, preguntándose:

Sobre los niños hambrientos
Sobre el poder de la oración
Sobre los cristianos con cáncer…

Preguntas difíciles. Interrogantes para tirar la toalla. Cuestionamientos que los discípulos deben haber hecho en la tormenta.

Solo veían cielos oscuros mientras se zarandeaban en la agitada embarcación.

Entonces una figura fue hacia ellos caminando sobre las aguas. No era lo que esperaban… Casi pierden la oportunidad de ver sus oraciones contestadas.

Y a menos que miremos y escuchemos detenidamente, nos arriesgamos a cometer el mismo error. Las luces de Dios en nuestras oscuras noches son tan numerosas como las estrellas, si sabemos buscarlas.

En el ojo de la tormenta

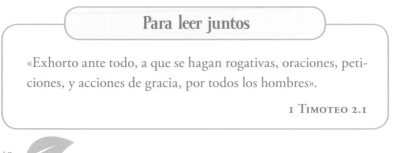

Para leer juntos

«Exhorto ante todo, a que se hagan rogativas, oraciones, peticiones, y acciones de gracia, por todos los hombres».

1 TIMOTEO 2.1

Noches oscuras, luz de Dios

¿Alguna vez observaste el mundo que te rodea y te preguntaste sobre algunas de las cosas que suceden aquí? Mientras oras, ¿alguna vez te preguntaste sobre cosas como... niños hambrientos, cristianos con cáncer, y ¿por qué suceden cosas malas a los hijos de Dios?

Esas son preguntas difíciles. Es probable que se parezcan mucho a las preguntas que los discípulos hicieron cuando estaban en medio del mar durante una tormenta: «Jesús, ¿acaso no te importa?».

Todo lo que ellos podían ver eran cielos y olas oscuros mientras eran zarandeados en la barca estropeada. Y de repente una figura vino junto a ellos caminando sobre el agua. No era lo que esperaban, así que casi pasaron por alto la respuesta a sus oraciones.

A menos que mires y escuchos con atención, podrías cometer el mismo error. Las respuestas de Dios son como las estrellas en el cielo nocturno, hay miles de millones de ellas. Pero algunas simplemente no las puedes ver.

CRECER EN LA GRACIA

Dios con frecuencia usa a sus hijos, ¡ese eres tú!, como respuestas a preguntas difíciles. Sus hijos pueden alimentar a los hambrientos, visitar los hospitales y también consolar a los angustiados. Pregunta a Dios qué puedes hacer para ayudar a los demás. Tú podrías ser la respuesta a la difícil pregunta de alguien.

Hijo de Dios

Permíteme decirte quién eres. Es más, permíteme proclamar quién eres:

Eres heredero de Dios y coheredero con Cristo (Romanos 8.17).
Eres eterno, como los ángeles (Lucas 20.36).
Tienes una corona incorruptible (1 Corintios 9.25).
Eres sacerdote santo (1 Pedro 2.5), un tesoro especial (Éxodo 19.5).

Pero mayor que lo mencionado antes, más significativo que todo título o posición, es que eres hijo de Dios.

«Y de veras que somos sus hijos».

Por lo tanto, si algo es importante para ti, también lo es para Dios.

Todavía remueve piedras

Para leer juntos

«Mirad cuál amor nos ha dado el Padre, para que seamos llamados hijos de Dios…».

1 JUAN 3.1

Hijo de Dios

¿Sabes quién eres? Déjame decirte:

> Eres el hermano o la hermana de Cristo (Romanos 8.17).
> Eres eterno, nunca morirás, justo como los ángeles (Lucas 20.36).
> Tienes una corona que durará para siempre (1 Corintios 9.25).
> Eres su posesión preciada (Éxodo 19:5).

Sin embargo, más importante que todo esto, más valioso que todos los títulos, es que eres el hijo de Dios.

«Realmente somos sus hijos», y tú en verdad eres su hijo.

Y porque eres su hijo, si algo es importante para ti, es importante para Dios.

CRECER EN LA GRACIA

No hay problema demasiado pequeño que llevarle a Dios. No hay preocupación, error ni alegría demasiado pequeños como para dejar de orar por ellos. Él quiere escucharlo todo, no importa lo que sea. Si es importante para ti, entonces es importante para Dios.

51

Un encuentro de momentos

La cruz no fue accidente.

La muerte de Jesús no fue obra de un ingeniero cosmológico presa del pánico. La cruz no fue una sorpresa trágica. El Calvario no fue una reacción precipitada ante un mundo que caía en picada hacia la destrucción. No fue un remiendo ni una solución provisional. La muerte del Hijo de Dios fue todo menos un riesgo inesperado.

Fue parte de un plan increíble, una decisión calculada.

En el momento en que el fruto prohibido tocó los labios de Eva, la sombra de una cruz apareció en el horizonte. Y entre ese momento y aquel en que el hombre con un martillo colocaba los clavos en la muñeca de Dios, un plan maestro se cumplió de manera progresiva.

Dios se acercó

Para leer juntos

«A éste [...] prendisteis y matasteis por manos de inicuos, crucificándole».

HECHOS 2.23

Un plan increíble

La cruz no fue un suceso inesperado.

La muerte de Jesús no fue un accidente. La cruz no fue una triste sorpresa. El Calvario no fue una confusión cósmica ni un error espacial. No fue un intento fallido de salvar el mundo. La muerte de Jesús fue todo menos inesperada.

Su muerte fue parte del plan maravilloso de Dios para salvarte, salvarme y salvar a todos sus hijos. Y ese plan comenzó miles de años antes de que Jesús viniera a la tierra.

En el momento en que el fruto prohibido tocó los labios de Eva, Dios trazó un plan para salvar a todos. Aunque la cruz no se revelaría durante siglos, el plan comenzó en el jardín del Edén. Y entre ese momento en el jardín y aquel en que el primer clavo penetró en la cruz, el gran plan de Dios para salvarnos se cumplió.

CRECER EN LA GRACIA

El 1 de abril se celebra el Día de los Inocentes. Y un día, hace más de dos mil años, Satanás se convirtió en el mayor tonto de todos. Cuando Jesús murió en la cruz, Satanás pensó que había ganado. Pero ¡para su sorpresa!, Jesús se levantó de la tumba, y el diablo perdió para siempre.

Tú estabas en sus oraciones

La oración final de Jesús fue por ti. Su dolor final fue por ti. Su pasión final fue para ti. Antes de ir a la cruz, Jesús fue al huerto. Y cuando habló con su Padre, tú estabas en sus oraciones.

Y Dios no podía darte la espalda. No podía porque él te vio. Y bastó que te mirara una vez para convencerse. Estabas exactamente en medio de un mundo que no es justo. Te vio caer en un río de la vida que no solicitaste. Te observó traicionado por personas que amabas, con un cuerpo que se enferma y un corazón que se debilita.

En la víspera de la cruz, Jesús tomó la decisión. Prefería ir al infierno por ti que ir al cielo sin ti.

Y los ángeles guardaron silencio

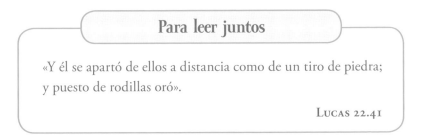

Para leer juntos

«Y él se apartó de ellos a distancia como de un tiro de piedra; y puesto de rodillas oró».

LUCAS 22.41

Jesús oró por ti

En el jardín de Getsemaní, Jesús oró por muchas cosas. ¿Pero sabías que él también oró por ti? Jesús te amaba tanto que, en sus últimas horas en la tierra, solo quería hablar con Dios sobre ti. Oró para que pudieras estar con él y para que vieras su gloria (Juan 17.24). Y oró para que Dios te cuidara de los males de este mundo (Juan 17.11).

Y hoy, más de dos mil años después, Dios aún responde a la oración de Jesús. Él conoce los problemas que enfrentas, las decisiones difíciles e incluso las tentaciones para hacer el mal. Él conoce todas tus luchas para hacer lo correcto, todas tus tristezas y alegrías. Y él promete estar siempre ahí contigo para ayudarte (Mateo 28.20).

CRECER EN LA GRACIA

La noche antes de morir, Jesús se tomó el tiempo para orar por ti. Lee Juan 17.6-26. Haz una lista de todo aquello en que Jesús pidió a Dios que te bendijera. ¿Conoces a alguien que no conozca a Jesús? Sé como Jesús y ora por esa persona.

El corazón que adora

Adoración. En dos mil años no hemos superado nuestros defectos. Aún luchamos por las palabras adecuadas en la oración. Aún manejamos torpemente la Escritura. No sabemos cuándo arrodillarnos. No sabemos cuándo ponernos de pie. No sabemos cómo orar.

La adoración es una tarea que nos atemoriza.

Por esa razón, Dios nos dio Salmos, un libro de alabanza para el pueblo de Dios. Esta colección de himnos y peticiones está enlazada por un hilo: un corazón que tiene hambre de Dios.

Algunos salmos son desafiantes. Otros son reverentes. Algunos son para cantar, otros para orar. Algunos son intensamente personales. Otros están escritos como si el mundo entero los fuera a repetir.

Esa variedad debería recordarnos que la adoración es personal. No existe una fórmula secreta. Lo que a ti te mueve puede paralizar a otro. Todos adoramos de formas diferentes, pero todos debemos adorar.

Biblia de inspiración

Para leer juntos

«Venid, adoremos y postrémonos; arrodillémonos delante de Jehová nuestro Hacedor».

SALMOS 95.6

Adoración de corazón

Adoración. En dos mil años aún no lo hemos comprendido. Todavía luchamos para encontrar las palabras correctas para orar. No sabemos cuándo arrodillarnos. No sabemos cuándo ponernos de pie. No sabemos cómo orar.

La adoración puede ser una situación complicada para nosotros.

Por eso Dios nos dio el Libro de los Salmos: para ayudarnos a adorarlo. Es un libro de alabanza para el pueblo de Dios. Y aunque los salmos hablan de muchos temas diferentes, cada uno tiene el mismo propósito: acercarnos más al corazón de Dios.

Algunos salmos son valientes, otros son humildes. Algunos deben ser cantados. Otros usados como oraciones. Varios de ellos parecen haber sido escritos solo para ti. Otros parecen compuestos para que todo el mundo los cante.

Que haya tantas clases diferentes de salmos nos recuerda que también hay diferentes formas de adoración. No hay una sola fórmula secreta, ni una única manera correcta. Cada persona adora de manera diferente. Pero todos debemos adorar.

CRECER EN LA GRACIA

Revisa el Libro de Salmos. Mira todos los diferentes títulos, como Súplica por la protección divina (Salmos 140), Confianza del que busca a Dios (Salmos 27) y La voz del Señor en la tormenta (Salmos 29). Cuando no sepas qué orar, recurre a los salmos. Cuando no sepas cómo orar, recurre a los salmos.

Su corazón roto

No lo puedo comprender. Sinceramente, no puedo. ¿Por qué Jesús murió en la cruz? Ah, ya sé, ya sé. He oído las respuestas oficiales. «Para satisfacer la ley antigua». «Para cumplir las profecías». Y estas respuestas son correctas. En verdad, lo son. Pero hay algo más aquí. Algo realmente compasivo. Algo de añoranza. Algo personal.

¿Qué es?

¿Será que se le rompió el corazón al ver a toda aquella gente que en medio de la desesperación miraba hacia el entenebrecido cielo y gritaba el mismo «Por qué»? ¿Tendría el corazón destrozado por el dolor?

Me lo imagino, inclinándose ante los que sufrían. Me lo imagino escuchando. Veo sus ojos nublarse y una mano agujereada que limpia una lágrima… Aquel que también estuvo solo, comprende.

Con razón lo llaman el Salvador

Para leer juntos

«Y al ver las multitudes, tuvo compasión de ellas; porque estaban desamparadas y dispersas como ovejas que no tienen pastor».

MATEO 9.36

El corazón roto de Jesús

Piensa en todas las diferentes personas que vinieron a Jesús a pedir ayuda. Todo tipo de personas: niños y ancianos mendigos, enfermos y cojos, amables y egoístas. Parece que dondequiera que Jesús iba, muchos se acercaban a él en busca de ayuda.

Seguramente hubo momentos en que él estaba cansado, cuando solo quería descansar. ¿Por qué no pidió a las personas que se fueran y que volvieran al día siguiente? ¿Por qué Jesús no se tomó un día libre de vez en cuando? ¿Por qué?

Podría ser que el corazón de Jesús sufría por esas personas? ¿Podría ser que su corazón estaba, y está, roto por todas las personas que alguna vez han alzado la vista y clamado al cielo en oración: «¿Por qué me pasa esto?».

Imagina a Jesús hoy, él se inclina cerca de alguien que está dolido, escucha y sus ojos se llenan de lágrimas mientras oye los problemas de esa persona. Luego su mano limpia suavemente una lágrima. Él también fue herido una vez. Él entiende.

CRECER EN LA GRACIA

Jesús nunca está demasiado ocupado para escuchar tus oraciones. ¿Te encuentras a veces tan ocupado que no puedes atender a los demás? La próxima vez que tus amigos necesiten que los escuches o que los ayudes, tómate un tiempo para hacerlo. Eso es lo que Jesús haría.

Una tarea santa

María y María Magdalena sabían que había que realizar una tarea. Había que preparar el cuerpo de Jesús para el entierro. Pedro no se ofreció. Andrés tampoco. Por eso las dos Marías decidieron hacerlo.

Me pregunto si a mitad del camino hacia la tumba se habrán sentado a reconsiderar su propósito. Qué habría pasado si se hubieran mirado la una a la otra y, encogiéndose de hombros, se hubieran dicho: «¿Y para qué?» ¿Qué habría sucedido si se hubieran dado por vencidas? ¿Y si una hubiera levantado los brazos decepcionada y se hubiera lamentado: «Estoy cansada de ser la única que se interesa en esto. Que Andrés haga algo aunque sea una vez, que Natanael demuestre un poco sus dotes de líder?».

Si estuvieron tentadas a hacerlo o no, me alegro de que no desistieron. Hubiera sido trágico. Claro, sabemos algo que ellas no sabían. Sabemos que el Padre observaba. Ellas pensaban que estaban solas, pero no lo estaban. Creían que nadie sabía de su visita a la tumba. Estaban equivocadas. Dios lo sabía.

Todavía remueve piedras

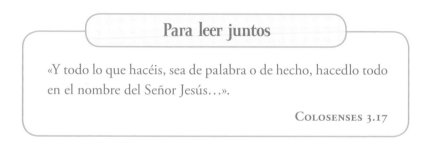

Para leer juntos

«Y todo lo que hacéis, sea de palabra o de hecho, hacedlo todo en el nombre del Señor Jesús…».

Colosenses 3.17

Dios lo sabía

María y María Magdalena sabían lo que tenían que hacer. El cuerpo de Jesús necesitaba ser ungido o cubierto con especias especiales antes de que pudiera ser enterrado. Eso hacían los judíos por quienes habían muerto. Y eso era lo último que las mujeres podían hacer por su Señor. Pedro no ofreció su ayuda. Andres tampoco se brindó para hacerlo. Así que las dos Marías decidieron hacerlo (Marcos 16.1-2).

¿Qué habría pasado si, de camino a la tumba, ellas hubieran cambiado de parecer? ¿Y cuál habría sido el resultado si se hubieran dado por vencidas? ¿Qué pasaría si una hubiera levantado las manos y se lamentara: «Estoy cansada de ser la única que se interesa en esto. Que Andrés haga algo alguna vez. Que Natanael demuestre que es un líder?».

Hubiera sido tan triste si ellas se hubieran dado por vencidas y decidido renunciar. Pero sabemos algo que ellas no sabían. Sabemos que el Padre las observaba. Ellas pensaron que estaban solas. No lo estaban. Pensaron que nadie sabía de su visita a la tumba. Estaban equivocadas. Dios lo sabía, así como él sabe todo el bien que tú haces.

CRECER EN LA GRACIA

A veces puede parecer que nadie se da cuenta de tu gran esfuerzo en hacer lo bueno. Haces lo correcto, pero no recibes ninguna recompensa. ¡No te rindas! Sigue haciéndolo, porque «... tu Padre, que ve lo que se hace en secreto, te recompensará» (Mateo 6.4, NVI).

Falta de fondos

Si Cristo no nos hubiera cubierto con su gracia, estaríamos sin fondos en nuestra cuenta del banco celestial. En lo que a bondad se refiere, tendríamos fondos insuficientes. Santidad inadecuada. Dios exige cierto saldo de virtud a nuestro favor y eso es más de lo que alguno de nosotros puede tener por sí mismo. Nuestra cuenta de santidad evidencia falta de fondos y solo quien es santo verá al Señor. ¿Qué podemos hacer?

Podríamos tratar de hacer algunos depósitos. Quizás si saludo a mi vecino, elogio a mi cónyuge o voy a la iglesia el domingo próximo podré ponerme al día. Pero ¿cómo sabes cuando has hecho suficiente?

Si tratas de justificar tu estado de cuentas, olvídate de que puedas tener paz… Tratas de justificar una deuda que no puedes saldar. «Es Dios quien justifica» (Romanos 8.33).

La gran casa de Dios

Para leer juntos

«… al que no obra, sino cree en aquel que justifica al impío, su fe le es contada por justicia».

ROMANOS 4.5

Nunca es suficiente

Imaginemos que tienes una cuenta bancaria en el cielo, una «cuenta de santidad».

Para entrar en el cielo, tu cuenta de santidad debe estar llena. Así que haces buenas obras para tratar de llenar tu cuenta. Tal vez le dices algo amable a un amigo, ayudas a tu vecino a rastrillar hojas o ayudas en la sala de niños de la iglesia. Tal vez diriges las oraciones o memorizas versículos bíblicos. Seguramente por hacer más obras buenas ganarás un poco de santidad extra, ¿verdad? Eso debería llenar tu cuenta de santidad, ¿cierto?

Incorrecto. Cuando se trata de bondad, nunca se puede hacer lo suficiente. Nunca puedes ganar suficiente santidad. Para llegar al cielo, Dios exige que tu cuenta de santidad esté llena, y no puedes hacer eso por tu propia cuenta. ¿Cómo *puedes* llegar al cielo? Jesús.

Cuando eliges creer en Jesús y obedecerlo, él llenará tu cuenta de santidad para ti. Se llama *gracia*, y es su regalo para ti.

CRECER EN LA GRACIA

No puedes simplemente ganarte el camino al cielo. Es un don de Dios. Tu don a Dios es la adoración. Compón tu propio canto de adoración y alabanza a Dios y agradécele por su don.

El fuego de tu corazón

¿Deseas conocer la voluntad de Dios para tu vida? Entonces responde a esta pregunta: ¿Qué enciende tu corazón? ¿Los niños abandonados? ¿Las naciones inconversas? ¿La ciudad? ¿Los barrios marginales?

¡Pon atención al fuego que tienes en tu interior!

¿Sientes pasión por el canto? ¡Pues, canta! ¿Te sientes impulsado a administrar? ¡Pues, administra! ¿Sufres por el enfermo? ¡Cúralo! ¿Sientes dolor por los perdidos? ¡Enséñales!

En mi juventud sentí el llamado a predicar. Como no estaba seguro de interpretar debidamente la voluntad de Dios, le pedí consejo a un ministro a quien admiraba. Su consejo todavía resuena con la verdad: «No prediques —me dijo— a menos que tengas que hacerlo».

Al reflexionar sobre sus palabras hallé mi respuesta: «Tengo que predicar. De no hacerlo, este fuego me consumirá».

¿Cuál es el fuego que te consume?

La gran casa de Dios

Para leer juntos

«El hacer tu voluntad, Dios mío, me ha agradado, y tu ley está en medio de mi corazón».

Salmos 40.8

El fuego en tu corazón

¿Quieres conocer la voluntad de Dios para tu vida? Entonces responde esta pregunta: ¿Qué hace arder tu corazón? Es decir, ¿qué sientes que *debes hacer* para mostrar el amor de Dios o para ayudar a los demás? ¿Es ayudar a los huérfanos? ¿Ayudar a los que no tienen un hogar? ¿O guiar a las personas que no conocen a Jesús?

¡Entonces presta atención a lo que hace arder tu corazón! ¿Te gusta cantar más que nada? ¡Entonces canta! ¿Te duele el corazón por los enfermos y los solitarios? ¡Entonces procura consolarlos!

Cuando yo era joven, sentía que Dios quería que yo predicara. Pero no estaba seguro de si entendía correctamente la voluntad de Dios. Así que hablé con un ministro a quien yo admiraba. Su consejo para mí fue: «No prediques a menos que *debas* hacerlo».

Al meditar en sus palabras, encontré mi respuesta. «Tengo que predicar. Si no lo hago, este fuego que arde en mi corazón me consumirá. Si no predico, pasaré el resto de mi vida lamentando no haberlo hecho».

¿Cuál es el fuego que arde en tu corazón? ¿Qué es lo que sientes que *debes hacer* por Dios?

CRECER EN LA GRACIA

Haz una lista de todas las cosas que te gusta hacer. ¿Te gusta jugar a la pelota? ¿Amas cantar? ¿Disfrutas hacer manualidades? ¿Prefieres pintar o leer? Pídele a Dios que te muestre cómo puedes adorarlo y compartir su Palabra al utilizar las actividades que te gusta hacer.

Un tiempo bien distribuido

¿Cuánto tiempo hace que le permitiste a Dios tener tu compañía?

Quiero decir *tener* de verdad. ¿Cuánto tiempo hace que dedicaste una porción de tu tiempo, no escaso ni interrumpido, a escuchar su voz? Aparentemente Jesús lo hacía. Realizaba un esfuerzo deliberado por pasar tiempo con Dios.

Dedica bastante tiempo a leer y escuchar sobre la vida de Jesús y verás surgir un panorama distinto. Él dedicaba con regularidad tiempo a estar con Dios, a orar y escuchar. Marcos informa: «Muy de madrugada, cuando todavía estaba oscuro, Jesús se levantó, salió de la casa y se fue a un lugar solitario, donde se puso a orar» (Marcos 1.35, NVI).

Permíteme preguntar lo que es evidente. Si Jesús, el Hijo de Dios, el santo Salvador de la humanidad, creyó valioso dejar espacio en su calendario para orar, ¿no será sabio que hagamos lo mismo?

Como Jesús

Para leer juntos

«Él, por su parte, solía retirarse a lugares solitarios para orar».

LUCAS 5.16, NVI

Tiempo solo para Jesús

¿Cuánto tiempo ha pasado desde que le diste a Dios tu total atención?

Quiero decir *en realidad* tener toda tu atención. ¿Cuánto hace que le diste parte de tu día sin computadoras, televisores ni teléfonos? ¿Cuánto hace que solo escuchaste su voz sin hacer nada más? Eso es lo que hizo Jesús. Él apartó tiempo para estar a solas con Dios, solo con Dios.

Si lees sobre la vida de Jesús en la Biblia, verás que tuvo el hábito de pasar tiempo con el Padre. Él apartaba tiempo regularmente para estar con Dios, orar y escucharlo. Marcos expresó: «Muy de madrugada, cuando todavía estaba oscuro, Jesús se levantó, salió de la casa y se fue a un lugar solitario, donde se puso a orar» (Marcos 1.35, NVI).

Déjame hacerte una pregunta. Si Jesús, el Hijo de Dios, el Salvador que nunca pecó, pensó que necesitaba tomarse tiempo para orar, ¿acaso no sería bueno hacer lo mismo?

CRECER EN LA GRACIA

¿Cuánto tiempo pasas con Dios? Haz una lista de todo lo que haces en un día: dormir, comer, estudiar, jugar con amigos. ¿Cuánto tiempo dedicas a cada una de esas actividades? Entonces, ¿cuánto tiempo pasas con Dios? ¿Necesitas hacer algunos cambios?

El carácter crea valor

Una leyenda india cuenta de un ratón al que le aterrorizaban los gatos hasta que un mago aceptó convertirlo en un gato. Esto aplacó su miedo… hasta que vio a un perro. El mago lo convirtió en perro. El ratón convertido en gato y luego en perro estuvo feliz hasta que vio a un tigre. Una vez más, el mago lo transformó en lo que temía. Pero cuando el tigre llegó quejándose de que se había topado con un cazador, el mago no quiso ayudarlo: «Te reconvertiré en ratón otra vez, porque, aunque tienes el cuerpo de un tigre, sigues con corazón de ratón».

¿Qué te parece? ¿Cuántas personas conoces que han adoptado una apariencia formidable, pero por dentro aún tiemblan de temor? Nos enfrentamos a nuestros temores con fuerza… o… acumulamos riquezas. Buscamos seguridad en las cosas. Cultivamos la fama y procuramos un nivel social.

Pero ¿dan resultado estos métodos? La valentía surge de lo que somos. Los apoyos externos pueden sustentarnos temporalmente, pero solo el carácter interno crea valentía.

Aplauso del cielo

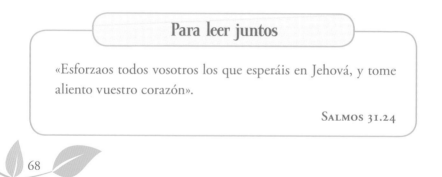

Para leer juntos

«Esforzaos todos vosotros los que esperáis en Jehová, y tome aliento vuestro corazón».

SALMOS 31.24

Coraje

Una leyenda de la India cuenta de un ratón que temía a los gatos hasta que un mago aceptó convertirlo en un gato. Eso calmó su miedo... hasta que vio a un perro. Entonces el mago lo convirtió en un perro. El ratón convertido en gato y luego en perro estuvo feliz... hasta que vio un tigre. Una vez más, el mago lo convirtió en lo que el ratón temía. Pero cuando el tigre vino quejándose de que se había encontrado con un cazador, el mago no quiso ayudarlo. Entonces le dijo: «Te convertiré en un ratón otra vez, porque aunque tengas el cuerpo de un tigre, todavía tienes el corazón de un ratón».

Como ese tigre, muchas personas parecen grandes y fuertes por fuera, pero por dentro tiemblan de miedo. Luchamos contra nuestros miedos y para sentirnos a salvo usamos la ropa adecuada, pasamos el tiempo con los amigos correctos y obtenemos las cosas correctas. Pero ¿acaso hacer todo eso en verdad funciona? ¿Vivimos menos asustados?

El valor viene por quienes somos en nuestro interior: hijos de Dios, no de lo que vestimos externamente.

CRECER EN LA GRACIA

El salmista, al referirse a Dios, expresa: «... eres mi roca y mi fortaleza...» (Salmos 31.3, NVI). Ve a un parque, encuentra la roca más grande y escóndete detrás de ella. ¿Puede algo llegar a ti a través de esa roca? Dios es aún más fuerte que esa roca. ¡Escóndete en Dios, y el diablo no podrá tocarte!

69

A veces Dios dice que no

¿Puedes imaginarte cómo sería si un padre hiciera todo lo que le piden sus hijos durante un viaje? Llenarían sus ya abultados vientres de heladería en heladería.

¿Puedes imaginarte el caos que habría si Dios fuera indulgente con cada una de nuestras peticiones?

«Pues Dios no nos destinó a sufrir el castigo, sino a recibir la salvación por medio de nuestro Señor Jesucristo» (1 Tesalonicenses 5.9, NVI).

Nota que el propósito de Dios con tu vida es la salvación.

El supremo deseo de Dios es que alcances ese propósito. Su itinerario incluye paradas que servirán de estímulo en tu viaje. Él desaprueba las paradas que te desvían. Cuando su plan soberano y tu plan terrenal chocan, debe tomarse una decisión. ¿Quién lleva la batuta en este viaje?

Si Dios debe escoger entre tu satisfacción terrenal y tu salvación celestial, ¿cuál de las dos esperas que escoja?

Yo también.

En el ojo de la tormenta

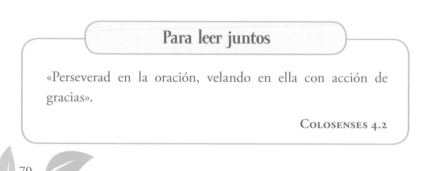

Para leer juntos

«Perseverad en la oración, velando en ella con acción de gracias».

COLOSENSES 4.2

A veces Dios dice que no

¿Te imaginas lo que pasaría si tus padres te dieran todo lo que quieres en tu próximo viaje? Acabarías arrastrándote con un estómago abultado por ir de heladería en heladería.

¿Te puedes imaginar el desorden que habría si Dios nos diera todo lo que pedimos?

«Pues Dios no nos *destinó* a sufrir el castigo, sino a recibir la salvación por medio de nuestro Señor Jesucristo» (1 Tesalonicenses 5.9, NVI, énfasis agregado).

Según este versículo, ¿qué destinó Dios para tu vida? La salvación. El mayor anhelo de Dios es que puedas llegar al cielo. Su plan incluye paradas que te ayudarán en tu viaje al cielo. A Dios no le agradan las paradas que te retrasan. Cuando su plan perfecto y tu plan terrenal no concuerdan, se debe tomar una decisión. ¿Quién está a cargo de este viaje? ¿Tú o Dios? Es Dios. Y me alegro de que él haya elegido el cielo para todos nosotros.

CRECER EN LA GRACIA

Los padres tienen que decir que no a veces. La próxima vez que tus padres te digan que no, antes de que te enojes, detente y piensa en porqué dijeron que no. ¿Es posible que decir no era lo mejor para ti? ¿Quieres realmente sorprenderlos? ¡Agradéceles porque les importas tanto que dicen no!

Dios está en control

Satanás no tiene poder, salvo el que Dios le otorga.

A la iglesia de Esmirna del primer siglo, Cristo le dijo: «No temas en nada lo que vas a padecer. He aquí, el diablo echará a algunos de vosotros en la cárcel, para que seáis probados, y tendréis tribulación por diez días. Sé fiel hasta la muerte y yo te daré la corona de la vida» (Apocalipsis 2.10).

Analiza las palabras de Jesús por un minuto. Cristo informa a la iglesia de la persecución, la duración de la persecución (diez días), la razón de la persecución (para probarte), y el resultado de la persecución (la corona de la vida). En otras palabras, Jesús utiliza a Satanás para fortalecer a su iglesia.

Aun cuando [Satán] parece haber ganado, ha perdido.

La gran casa de Dios

Para leer juntos

«… mayor es el que está en vosotros, que el que está en el mundo».

1 JUAN 4.4

Dios está en control

A veces parece que Satanás está ganando la batalla por este mundo y que él está en control. Pero Dios tiene el control *total*, y tiene una manera sorprendente de usar los malos planes de Satanás para hacer el bien. Satanás pensó haber ganado cuando Jesús murió en la cruz. Pero Dios resucitó a Jesús de entre los muertos y regaló la salvación a su pueblo.

Un gran número de cristianos en la iglesia primitiva fueron encarcelados o asesinados. Muchos otros abandonaron sus hogares y huyeron a tierras fuera de la nación de Israel. Pero Dios utilizó esos tiempos difíciles para difundir su palabra a otros países. Situaciones tristes, incluso malas acontecen a todas las personas, a los que creen en Dios y a los que no. Pero él tiene una promesa especial para sus hijos: «... sabemos que Dios dispone todas las cosas para el bien de quienes lo aman...» (Romanos 8.28, NVI).

Cuando vivas circunstancias tristes o incluso malas y parezca que Satanás gana, recuerda que Dios de alguna manera utilizará esas situaciones para bien. Porque Dios tiene el control.

CRECER EN LA GRACIA

Creer en Jesús puede ser arriesgado. Probablemente algunas personas se rían de ti. Podrías perder a un amigo por negarte a hacer algo malo que todos los demás hacen. Sí, seguir a Jesús tiene sus riesgos, ¡pero las recompensas son extraordinarias!

No ocupes el cargo de juez

Condenamos a un hombre por dar tropezones hoy, pero no vimos los golpes que recibió ayer. Juzgamos a una mujer por su cojera, pero no vemos el clavo en su zapato. Nos burlamos del temor que hay en sus ojos, pero no tenemos idea de las piedras que han esquivado ni los dardos que han evadido.

¿Son demasiado ruidosos? Quizás temen que los desatiendan otra vez. ¿Son tímidos? Es posible que estén preocupados por fracasar de nuevo. ¿Demasiado lentos? Tal vez cayeron la última vez que anduvieron deprisa. Uno no sabe. Solo quien siguió sus pasos ayer puede ser su juez.

No solo ignoramos lo que sucedió ayer; sino también lo que ocurrirá mañana. ¿Nos atrevemos a juzgar un libro cuyos capítulos están aún por escribirse? ¿Llegamos a un veredicto sobre una pintura mientras el artista aún tiene el pincel en la mano? ¿Cómo vamos a censurar un alma mientras la obra de Dios no está completa? «… el que comenzó en vosotros la buena obra, la perfeccionará hasta el día de Jesucristo» (Filipenses 1.6).

En manos de la gracia

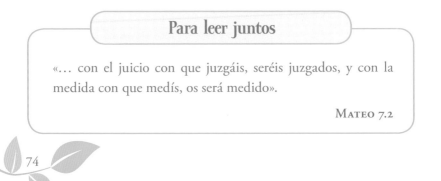

Para leer juntos

«… con el juicio con que juzgáis, seréis juzgados, y con la medida con que medís, os será medido».

MATEO 7.2

¿Quién eres para juzgar?

Nos reímos del joven que tropieza esta mañana, pero no vimos lo duro que lo golpearon ayer. Nos burlamos de la joven que cojea, pero no vemos la piedra en su zapato.

¿Alguien es demasiado ruidoso? Tal vez tiene miedo de ser ignorado de nuevo. ¿Alguien parece excesivamente asustado? Quizás tenga miedo de fracasar de nuevo. ¿Otros se mueven con lentitud? Es posible que se hayan caído la última vez que corrieron. No sabemos. Solo aquel que siempre los observa puede saberlo.

No solo no sabemos del pasado de ellos, sino que tampoco sabemos de su futuro. Debemos dejar que Dios los juzgue. Nuestro trabajo es vivir «... en armonía los unos con los otros...» y ser «... compasivos y humildes» unos con otros (1 Pedro 3.8, NVI). Recuerden: «... el que comenzó tan buena obra en ustedes la irá perfeccionando hasta el día de Cristo Jesús» (Filipenses 1.6, NVI). ¡Dios sigue perfeccionando tu vida, y la de ellos!

CRECER EN LA GRACIA

Toma un libro que no tenga fotos. ¿Puedes contar qué tipo de historia hay dentro? ¡No! Las personas son también así. Solo se ve el exterior de ellas, pero el interior es donde está la historia. No juzgues un libro, o una persona, solo por la portada.

Una norma superior

La mayor parte de mi vida he sido en verdad desordenada... Entonces me casé...

Me matriculé en un programa para personas desordenadas. Un terapeuta físico me ayudó a redescubrir los músculos que se usan para colgar las camisas... Mi nariz volvió a saber lo que es la fragancia de los limpiadores aromatizantes...

Un día llegó el momento de la verdad. Denalyn viajó fuera de la ciudad. Al principio volví a la condición de mi viejo hombre. Me imaginé que sería un desordenado por seis días y limpio en el séptimo. Pero algo extraño ocurrió: sentí un curioso malestar. No podía descansar con platos sucios en el fregadero.

¿Qué me había pasado? Es sencillo. Me había acostumbrado a una norma superior.

¿No es eso lo que nos pasa? Antes de Cristo vivíamos una vida descontrolada, sucia e indulgente. Ni sabíamos que éramos desordenados antes de conocerlo. De repente sentimos deseos de hacer el bien. ¿Regresar al antiguo desorden? Ni en broma.

En manos de la gracia

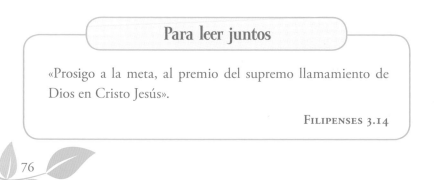

Para leer juntos

«Prosigo a la meta, al premio del supremo llamamiento de Dios en Cristo Jesús».

Filipenses 3.14

Una forma mejor

Vivir en un campamento es realmente diferente de vivir en casa. Los dos primeros días son fantásticos. A nadie le molesta si dejas los calcetines en el suelo, si te bañas o no, si te cepillas los dientes o lo olvidas. Puedes ser un haragán total y a nadie le importa.

A mitad de semana, las cosas empiezan a cambiar. Te cansas de pasar por encima de tu ropa sucia y la de todos los demás. En verdad te gustaría tener una cama limpia. Y ese olor que hueles, ¡eres tú! Al final de la semana ya no puedes soportarlo. Sacas el jabón y la pasta de dientes, y alzas los calcetines y las toallas.

¿Qué ha pasado? Simple. Sabías que había una forma mejor.

¿No es eso lo que Jesús hace por nosotros? Antes de conocer a Jesús nuestra vida era descuidada y egoísta. Pero de repente, ahora queremos hacer el bien, ¡incluso cuando nadie nos ve! ¿Volver al desorden anterior? ¿Hablas en serio? De ninguna manera. Hay una manera mejor.

CRECER EN LA GRACIA

Haz algo de limpieza y ayuda a otros al mismo tiempo. Organiza un lavado de autos en tu colonia o en tu iglesia. Envía el dinero que se junte a los misioneros para ayudarlos a enseñar a otros sobre Jesús y su forma mejor.

La solución correcta

En este momento no me siento tan inteligente. Acabo de salir de un avión que no debía haber tomado, que me llevó a una ciudad donde no tenía que ir y me dejó en un aeropuerto donde no debía estar. Me dirigí al este en lugar de al oeste y terminé en Houston en lugar de Denver.

No pareció que me equivocaba de avión, pero sí. Caminé a través del corredor que no era, me adormecí en el vuelo que no debía tomar y terminé en el lugar donde no debía estar.

Pablo dice que todos hemos hecho lo mismo. No con aviones ni aeropuertos, sino con nuestra vida y con Dios. Y se lo dice a los lectores romanos.

… No hay justo, ni aun uno (Romanos 3.10).

… todos pecaron, y están destituidos de la gloria de Dios (Romanos 3.23).

Nos equivocamos de avión, dice Pablo. Todos, gentiles y judíos. Cada persona ha tomado un camino equivocado. Y necesitamos ayuda… las soluciones erróneas son el placer y el orgullo (Romanos 1 y 2); la correcta es Cristo Jesús (Romanos 3.21-26).

Biblia de Inspiración

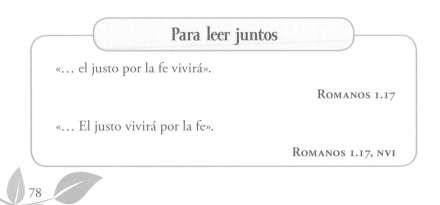

Para leer juntos

«… el justo por la fe vivirá».

Romanos 1.17

«… El justo vivirá por la fe».

Romanos 1.17, NVI

La respuesta correcta

En este momento no me siento tan inteligente. Acabo de bajar del avión que tomé equivocadamente en el aeropuerto en que no debía estar en la ciudad equivocada. Fui al este en lugar de al oeste y terminé en Texas en lugar de ir a Colorado. ¡Ay!

No me pareció que fuera el avión equivocado, pero lo era. Entré por la puerta incorrecta, me quedé dormido en el vuelo que no debía estar y terminé en el lugar incorrecto.

Pablo enseñó que todos hemos hecho lo mismo. No con aviones ni aeropuertos, sino con nuestra vida y con Dios. Declaró: «... No hay justo, ni aun uno» (Romanos 3.10), pues «... todos pecaron, y están destituidos de la gloria de Dios» (v. 23).

Es como si todos estuviéramos en el avión equivocado. Todos nosotros. Varón y mujer. Adulto y niño. Cada persona ha tomado el camino equivocado en algún momento. Y necesitamos ayuda. Las respuestas equivocadas son el egoísmo y procurar solo la diversión (Romanos 1 y 2). La respuesta correcta es Cristo Jesús (Romanos 3.21-26).

CRECER EN LA GRACIA

Visita un aeropuerto. Fíjate cómo todos los aviones parecen más o menos iguales. Solo ciertas personas conocen el avión correcto: aquellas que están a cargo. Así es también con muchas de las opciones. A veces las malas decisiones parecen buenas. Pero solo el que está a cargo sabe la diferencia. Consulta con él antes de tomar una decisión.

Dios está enojado con el mal

Muchos no comprenden el enojo de Dios porque confunden la ira de Dios con la ira de los hombres. Las dos tienen poco en común. El enojo humano es típicamente egoísta y propenso a explosiones de temperamento y acciones violentas. Nos enojamos porque no nos hacen caso, no nos atienden o nos engañan. Esto es enojo humano. Pero no es enojo de Dios.

Dios no se enoja porque las cosas no van como quería. Se enoja porque la desobediencia siempre trae como resultado la autodestrucción. ¿Qué clase de padre se sienta tranquilamente y observa que su hijo se hiere a propósito?

En manos de la gracia

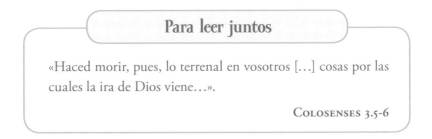

Para leer juntos

«Haced morir, pues, lo terrenal en vosotros [...] cosas por las cuales la ira de Dios viene...».

Colosenses 3.5-6

La ira de Dios

Muchos no entienden la ira de Dios. Confunden la ira de Dios con la ira de las personas. Pero las dos son en verdad diferentes. La ira humana suele ser egoísta. Se expresa con arranques de temperamento y violencia. Nos molestamos porque nos han ignorado, nos han pasado por alto o engañado. Cuando no conseguimos lo que queremos, nos enojamos. Esta es la ira humana. Sin embargo, no es la ira de Dios.

Dios no se enoja porque las cosas no marchan como quiere. Se enoja porque lo desobedecemos. Él sabe que, al desobedecerlo, siempre terminaremos dolidos. Después de todo, ¿qué clase de padre observa pasivo que su hijo se lastime? ¡Dios no!

CRECER EN LA GRACIA

Dedica una hora para ayudar en la clase de párvulos de tu iglesia. Escoge a un niñito que esté aprendiendo a caminar. ¿Qué tan difícil es evitar que se caiga y se lastime? Así como sigues de cerca a ese niñito para protegerlo, Dios te sigue de cerca para protegerte.

Dios te conoce por tu nombre

Todo un pensamiento, ¿cierto? Tu nombre en la mano de Dios. Tu nombre en los labios de Dios. Quizás has visto tu nombre en algunos sitios especiales. En un premio o en un diploma. Pero pensar que tu nombre está en la mano de Dios y en sus labios… Dios mío, ¿será posible?

Quizás nunca has visto que honren tu nombre. Y no puedes recordar si alguna vez escuchaste que lo mencionaran con delicadeza. Si es así, puede ser que te resulte más difícil creer que Dios conoce tu nombre.

Pero sí lo conoce. Lo tiene escrito en su mano. Su boca lo pronuncia. Lo susurran sus labios. Tu nombre

Cuando Dios susurra tu nombre

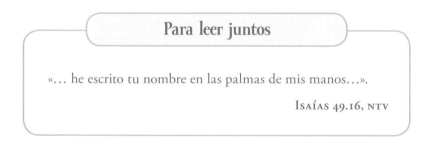

Para leer juntos

«… he escrito tu nombre en las palmas de mis manos…».

Isaías 49.16, ntv

Dios te conoce por tu nombre

¡Qué idea! Tu nombre está escrito en la palma de la mano de Dios. Tu nombre está en los labios de Dios. Tal vez hayas visto tu nombre en algunos lugares especiales como en un premio o un trofeo. Pero pensar que tu nombre está en la palma de la mano de Dios y en los labios de Dios... ¡Guau! ¿Será posible?

O tal vez nunca han honrado tu nombre. Quizás nunca has sido parte de la lista de honor, no ganaste el trofeo, ni has sido elegido para ser parte del equipo. Si es así, puede que te resulte más difícil creer que Dios conoce tu nombre.

Pero Dios lo conoce. Está escrito en la palma de su mano. Pronunciado por su boca. Susurrado por sus labios. *Tu nombre.*

CRECER EN LA GRACIA

Cierra los ojos e imagina a Dios que llama tu nombre suavemente. ¿Puedes oírlo? ¿Puedes ver tu nombre escrito en letras hermosas en la palma de su mano? Lee Salmos 139 para descubrir cuán bien el Señor te conoce y cuánto te ama.

Una labor en progreso

Dios aún no ha terminado contigo. Ah, quizás piensas que ya ha terminado. Podrías creer que has llegado a la cima o que él ha tomado a otro para hacer lo mismo.

Si es así, mira esto.

«[Estoy] … persuadido de esto, que el que comenzó en vosotros la buena obra, la perfeccionará hasta el día de Jesucristo» (Filipenses 1.6).

¿Has visto lo que hace Dios? *Una buena obra en ti.*

¿Has visto cuándo la terminará? *Cuando Jesús venga otra vez.*

¿Me permites que te explique el mensaje? *Dios no ha terminado contigo aún.*

Cuando Dios susurra tu nombre

Para leer juntos

«El cual también os confirmará hasta el fin, para que seáis irreprensibles en el día de nuestro Señor Jesucristo».

1 CORINTIOS 1.8

Una labor en progreso

Dios no ha terminado contigo. Ah, quizás piensas que ya ha terminado. Podrías creer que estás justo donde debes estar. Es probable que pienses que ya sabes todo lo que harás con tu vida.

Si es así, piénsalo de nuevo. Todavía hay mucho que tienes que madurar en tu vida.

«... el que comenzó tan buena obra en ustedes la irá perfeccionando hasta el día de Cristo Jesús» (Filipenses 1.6, NVI).

¿Has notado la obra que Dios hace? Una buena obra en ti.

¿Has notado cuando él la terminará? *Cuando Jesús vuelva.*

Déjame aclararte el mensaje de Dios para ti: Dios no ha terminado contigo todavía.

Cuando Dios susurra tu nombre

CRECER EN LA GRACIA

Dios aún no ha terminado contigo. Pero ¿cómo serás cuando Dios termine su obra en ti? Pinta tu mejor autorretrato. Tal y como te ves ahora. Luego pinta otro retrato. Esta vez muestra cómo crees que te verás cuando Dios haya terminado contigo, en el cielo.

Música sublime

Antonio Stradivari fue un fabricante de violines del siglo xvii, cuyo nombre en su forma latina, *Stradivarius*, se ha convertido en sinónimo de excelencia. En una ocasión él expresó que hacer un violín que no alcanzara su más alto nivel sería como robarle a Dios, quien no podría hacer los violines de Antonio Stradivari sin Antonio.

Tenía razón. Dios no podría hacer violines *Stradivarius* sin Antonio Stradivari. Este artesano recibió ciertos dones que ningún otro fabricante de violines tenía.

Del mismo modo, hay ciertas cosas que puedes hacer que ningún otro podría realizarlas. Quizás sea la crianza de tus hijos, la construcción de casas o dar aliento al desanimado. Hay cosas que *solo* tú puedes hacer, es para hacerlas que vives. En la gran orquesta que denominamos vida, tú tienes un instrumento y una canción. Tienes el deber ante Dios de ejecutar ambos de manera sublime.

Aplauso del cielo

Para leer juntos

«Te alabaré; porque formidables, maravillosas son tus obras…».

SALMOS 139.14

Lo mejor que puedas

Antonio Stradivari fue un fabricante de violines en la década de 1700. Su nombre en latín, *Stradivarius*, significa «excelencia». Él dijo una vez que hacer un violín que no fuera de la mayor calidad y excelencia sería como robarle a Dios, quien no podía hacer los violines de Antonio Stradivari sin Antonio.

Antonio tenía razón. Dios no podría hacer violines *Stradivarius* sin Antonio Stradivari. Ese artesano recibió ciertos dones que ningún otro fabricante de violines tenía.

De la misma manera, hay ciertas cosas que tú puedes hacer que ningún otro podría realizar. Tal vez sea alentar a tus amigos, jugar al baloncesto o dibujar la belleza de la creación de Dios. Hay cosas que solo *tú* puedes hacer, Dios te creó para hacerlas. Imagina que la vida es una gran orquesta y has recibido un instrumento y una canción. Es tu deber ante Dios ejecutar ambos lo mejor que puedas.

CRECER EN LA GRACIA

¿Con cuál gran talento Dios te ha bendecido? ¿No estás seguro? Pregúntale a uno de tus padres, a tus abuelos o a un amigo para que te ayuden a descubrir tu talento. Entonces encuentra una manera de poner este don al servicio de Dios.

Las ramas y la vid

Dios quiere estar tan cerca de nosotros como lo está la rama de la vid. Una es extensión de la otra. Es imposible saber dónde comienza una y dónde termina la otra. La rama no está conectada solo en el momento de dar fruto. El jardinero no guarda las ramas en una caja y entonces, el día que quiere uvas, pega las ramas en la vid.

No, la rama constantemente se nutre de la vid.

Dios también utiliza el templo para simbolizar la intimidad que desea: «¿Acaso no saben…», escribe Pablo, «…que su cuerpo es templo del Espíritu Santo, quien está en ustedes y al que han recibido de parte de Dios?» (1 Corintios 6.19, NVI). Medita conmigo sobre el templo por un momento… Dios no iba y venía, aparecía y desaparecía. Él es una presencia permanente, siempre disponible.

¡Esta es una noticia increíblemente buena para nosotros! ¡NUNCA estamos lejos de Dios!

Como Jesús

Para leer juntos

«Permaneced en mí, y yo en vosotros. Como el pámpano no puede llevar fruto por sí mismo, si no permanece en la vid…».

JUAN 15.4

Las ramas y la vid

Una rama está conectada a la vid. Una rama es parte de la otra. Es imposible saber dónde comienza la rama y termina la vid.

La rama no está conectada a la vid solo cuando da fruto. El jardinero no guarda las ramas en una caja y después, el día que quiere comer uvas y están agotadas, vuelve a pegar las ramas a la vid. No, la rama depende de la vid y recibe su fuerza de ella.

Esa es la clase de relación que Dios quiere contigo. Él no quiere que lo busques solo cuando necesitas algo o cuando tu vida no marcha bien. Dios quiere que siempre estés con él con toda tu mente y todo tu corazón.

Si se corta una rama de la vid comenzará a secarse. Ha perdido la fuente de su vida. De la misma manera, cuando estás alejado de Dios, tu corazón comienza a endurecerse. Has perdido la fuente de tu vida.

Conéctate siempre a la vid, a Dios, y él te mantendrá fuerte.

CRECER EN LA GRACIA

Con el permiso de tus padres, corta una rama pequeña de un árbol. Colócala donde la puedas ver todos los días. ¿Qué pasa con la rama después de unas horas? ¿Unos días? Ahora imagina que tú eres la rama y Dios es el árbol. Si te separas de él, ¿qué pasaría contigo?

La mano poderosa de Dios

La historia comenzó con una decisión. La existencia se hizo mensurable.

De la nada se hizo la luz.

De la luz se hizo el día.

Luego se hicieron el cielo… y la tierra.

¿Y sobre esta tierra? Una mano poderosa empezó a trabajar.

Se esculpieron los cañones. Se cavaron los océanos. Brotaron las montañas de las llanuras. Se salpicó de estrellas el firmamento. Un universo relumbró.

Mira los grandes cañones para que veas el esplendor del Creador. Toca las flores para que veas su delicadeza. Escucha el trueno para que oigas su poder…

Hoy te encontrarás con la creación de Dios. Cuando veas la belleza a tu alrededor, permite que cada detalle te haga levantar la cabeza en alabanza. Expresa tu aprecio por la creación de Dios. Estimula a otros a ver la belleza de su creación.

En el ojo de la tormenta

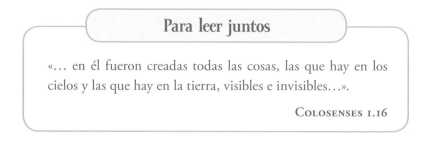

Para leer juntos

«… en él fueron creadas todas las cosas, las que hay en los cielos y las que hay en la tierra, visibles e invisibles…».

Colosenses 1.16

La mano poderosa de Dios

«Que haya...»

Con esas palabras comenzó la historia. El tiempo comenzó. «Que haya...» luz. Y «que haya...» el día y la noche, el cielo y la tierra. Y entonces la poderosa mano de Dios comenzó a trabajar en la tierra. Formó los cañones y cavó los océanos más profundos. Moldeó montañas en las llanuras. Esparció las estrellas en el cielo e hizo que el universo brillara con su luz.

¿Quieres ver el poder de Dios? Mira las montañas. ¿Quieres ver la gentileza de Dios? Toca sus flores silvestres. ¿Quieres oír su poder? Escucha el sonido del trueno.

Hoy te encontrarás cara a cara con la creación de Dios. Cuando veas la belleza de la naturaleza a tu alrededor, deja que te recuerde dar gracias a Dios por el mundo que hizo.

CRECER EN LA GRACIA

Cualquier época del año tiene su propia belleza, y todos podemos disfrutar de la naturaleza. Sal afuera. Da un paseo. Escoge una flor. Siente la brisa. Alaba a Dios por el trabajo creativo de su mano ponderosa.

Apartados

A Juan el Bautista nunca lo contratarían hoy en día. Ninguna iglesia querría tener nada que ver con él. Fue un desastre en cuanto a las relaciones públicas. Usaba «… vestido de pelo de camello, y tenía un cinto de cuero alrededor de sus lomos; y comía langostas y miel silvestre» (Marcos 1.6). ¿Quién querría ver a semejante persona cada domingo?

Su mensaje era tan rudo como su vestuario: Sin rodeos y directo al grano retaba al arrepentimiento porque Dios estaba en camino.

Juan el Bautista se apartó para cumplir su tarea: ser una voz de Cristo. Todo en Juan se centraba en este propósito. Su ropa. Su dieta. Sus acciones. Sus exigencias.

No tienes que ser como el mundo para impactar al mundo. No tienes que ser como las multitudes para cambiar a las multitudes. No tienes que rebajarte a sus niveles para que ellos se eleven al tuyo. La santidad no busca ser excéntrica. La santidad busca ser como Dios.

El trueno apacible

Para leer juntos

«Cualquiera, pues, que quiera ser amigo del mundo, se constituye enemigo de Dios».

SANTIAGO 4.4

Juan el Bautista

Juan el Bautista nunca sería contratado como predicador hoy. ¿Qué pensarían las personas de él? ¿Puedes oír lo que susurran?: «¡Se viste con "... pelo de camello..."! (Marcos 1.6) ¿Lo viste? ¡Come "... langostas y miel silvestre"! (Marcos 1.6) ¡No me sentaré a su lado en la escuela dominical!».

El mensaje de Juan era tan absurdo como su vestido. Él declaraba a todos: «... Arrepentíos, porque el reino de los cielos se ha acercado» (Mateo 3.2). Juan el Bautista se distinguió de los demás por una razón: hablaba a los demás sobre Jesús. Juan enfocó toda su vida en esa única tarea. Su vestido. Su dieta. Sus palabras. Sus acciones.

No tienes que ser como las demás personas para marcar la diferencia en el mundo. No debes ser como todos para cambiar a la multitud. No tienes que rebajarte para elevar a otros al nivel de la santidad de Dios.

La santidad no es tratar de ser como todos. La santidad es procurar ser como Dios.

CRECER EN LA GRACIA

Mírate bien. ¿Qué cosas haces solo para ser como la multitud? ¿Cómo te vistes o qué miras? ¿Vale la pena lo que haces? ¿Son estas cosas agradables a Dios? O ¿hay algunas cosas que necesitas cambiar?

Dios respeta nuestra decisión

¿Cómo podría un Dios amoroso enviar a las personas al infierno? Esta es una pregunta que oímos con frecuencia. La pregunta en sí revela un par de falsas interpretaciones.

Primero, Dios no *envía* personas al infierno. Él respeta sus decisiones. El infierno es la expresión máxima del alto concepto de Dios por la dignidad del hombre. Dios nunca nos ha obligado a escogerlo a él, ni siquiera cuando escogemos el infierno.

No, Dios no «envía» personas al infierno. Ni envía *personas* al infierno. Ese es el segundo error.

La palabra «personas» es neutral, e implica inocencia. En ningún lugar la Biblia enseña que los inocentes son condenados. Las «personas» no van al infierno. Los pecadores sí. Los rebeldes sí. Los egocéntricos sí. Entonces, ¿cómo un Dios amoroso enviará personas al infierno? No lo hace. Simplemente respeta la decisión de los pecadores.

Cuando Cristo venga

Para leer juntos

«Todos nosotros nos descarriamos como ovejas, cada cual se apartó por su camino…».

ISAÍAS 53.6

Dios respeta nuestra decisión

¿Cómo podría un Dios amoroso castigar a las personas por toda la eternidad? Con frecuencia las personas hacen esa pregunta. Pero tenemos que aclarar un par de cosas.

Primero, *Dios* no escoge castigar a las personas. Dios nos dice lo que sucederá si no obedecemos su Palabra y permite que tomemos *nuestra* decisión. Si determinamos no obedecer su Palabra, entonces hemos elegido ser castigados. Pero si decidimos obedecer su Palabra, él nos recompensa con el cielo. La decisión es nuestra. Dios solo respeta nuestra decisión.

Segundo, Dios no castiga a las *personas*. Él castiga a los pecadores. Castiga a los que han elegido hacer el mal y desobedecerlo.

Y, por último, ninguno *tiene* que ser castigado. Dios ofrece un camino para que todos puedan llegar al cielo. Todo lo que debemos hacer es creer en su Hijo y obedecer su Palabra. Pero Dios no nos obligará a creer, tiene que ser nuestra decisión.

CRECER EN LA GRACIA

Esperar hasta el momento en que tengas que elegir hace más difícil tomar la decisión correcta. Así que decide ahora. ¿Qué harás si un amigo te ofrece drogas o alcohol? ¿Qué harás si eres tentado a mentir? ¿Mentirás para conseguir lo que quieres? Decidir hoy facilita tomar cada decisión mañana.

Al caminar con Dios

Los matrimonios saludables tienen un sentido de «permanencia». El esposo permanece en la esposa, y ella permanece en él. Hay ternura, sinceridad y comunicación continua. Lo mismo es cierto en nuestra relación con Dios. A veces vamos a él con nuestras alegrías, y en otras ocasiones vamos con nuestras angustias, pero siempre vamos a él. Y cuando nos acercamos a él, mientras más estamos en su presencia, más nos parecemos a él. Pablo dice que somos transformados «… de gloria en gloria…» (2 Corintios 3.18).

Los que viven juntos por mucho tiempo poco a poco empiezan a parecerse, a hablar igual y hasta a pensar igual. Mientras caminamos con Dios nos apoderamos de sus pensamientos, sus principios, sus actitudes. Nos apoderamos de su corazón.

Como Jesús

Para leer juntos

«Y renovaos en el espíritu de vuestra mente, y vestíos del nuevo hombre, creado según Dios en la justicia y santidad de la verdad».

EFESIOS 4.23-24

Al caminar con Dios

Las familias sanas se aman. Sus miembros son amables, honestos y cariñosos unos con otros. A medida que pasamos tiempo con nuestras familias, nos parecemos más a ellas. Dios diseñó nuestro hogar para ser el lugar donde siempre podemos encontrar el amor.

Lo mismo podemos decir de nuestra relación con Dios. En algunas ocasiones nos acercamos a Dios con nuestras alegrías y en otras llegamos ante su presencia con nuestras heridas. Pero siempre acudimos a él, y siempre encontramos su amor. Y cuanto más acudimos, más nos volvemos como él. Pablo declaró: «... somos transformados a su semejanza con más y más gloria...» (2 Corintios 3.18, NVI).

Las personas que viven mucho tiempo juntas comienzan a sonar igual, hablar igual, incluso a pensar igual. A medida que nos acercamos a Dios, comenzamos a hablar y a pensar más como él. Y nuestro corazón empieza a parecerse más al de Dios cada día.

CRECER EN LA GRACIA

Mira a tus abuelos u otra pareja mayor que haya estado casada mucho tiempo. Pregunta si puedes ver algunas fotos de ellos, de su relación a través de los años. ¿Crees que han empezado a parecerse? ¿Hay hábitos que ambos tienen? ¿Termina uno de ellos las oraciones del otro?

Cómo enfrentar el pasado

Ira. Es fácil de definir: el ruido del alma. *Ira.* El irritante invisible del corazón. *Ira.* El despiadado invasor del silencio…

Cuanto más fuerte se vuelve, más nos desesperamos…

Algunos pensarán: *No tienes idea siquiera de lo difícil que ha sido mi vida.* Y tienes razón, no la tengo. Pero tengo una idea realmente clara de lo desdichado que será tu futuro a menos que resuelvas el problema de tu ira.

Toma una radiografía de la vida del vengativo y contemplarás un tumor de amargura: negro, amenazante, maligno. Carcinoma del espíritu. Sus fibras fatales se trepan alrededor del corazón y lo destruyen. No puedes cambiar tu pasado, pero sí puedes controlar tu reacción a ese pasado.

Cuando Dios susurra tu nombre

Para leer juntos

«Deja la ira, y desecha el enojo; no te excites en manera alguna a hacer lo malo».

SALMOS 37.8

Cómo tratar con la ira

Ira. Es ruidosa. Es fuerte en tu corazón y en tu mente. Y puede ser simplemente ruidosa. Cuanto más ruidosa es, más nos desesperamos.

Algunos de ustedes piensan: *No tienes idea de lo difícil que es mi vida. Tareas. Pruebas. Burlas. Lucha contra los padres.* Tienes razón. No sé lo difícil que es tu vida en este momento. Pero tengo una idea bastante clara de lo miserable que será tu futuro si no solucionas tu problema de ira.

La ira es como una nube espesa que anuncia tormenta: negra, amenazante y terrible. Es como una tormenta en tu corazón que amenaza con convertirse en un tornado. No puedes cambiar lo que hacen otras personas, pero puedes cambiar la forma en que respondes a ellas. No siempre puedes evitar enojarte, pero puedes controlar tu ira. Pide a Dios que te ayude, y él lo hará.

CRECER EN LA GRACIA

Siempre habrá circunstancias y personas que nos hagan enojar. Como el burlón que siempre te avergüenza por tener muchas tareas o aquel que se ríe de ti. Estar enojado está bien, pero pecar no lo es. Evita el pecado al decidir ahora lo que harás la próxima vez que algo te enoje.

¿Quién es mi hermano?

Me parece que Dios ofrece mucha más gracia de la que podemos imaginar.

Nosotros podríamos hacer lo mismo.

No suavizo la verdad ni acomodo el evangelio. Pero si una persona de corazón puro llama *Padre* a Dios, ¿no puedo llamar *hermano* a esa misma persona? Si Dios no establece la perfección doctrinal como requisito para la membresía familiar, ¿debo hacerlo yo?

Y si nunca llegamos a estar de acuerdo, ¿no sería posible que acordemos estar en desacuerdo? Si Dios tolera mis errores, ¿no podría yo tolerar los errores de otros? Si Dios permite que a pesar de mis flaquezas y fallas lo llame *Padre*, ¿no debo conceder la misma gracia a otros?

Cuando Dios susurra tu nombre

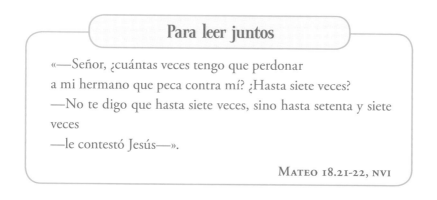

Para leer juntos

«—Señor, ¿cuántas veces tengo que perdonar
a mi hermano que peca contra mí? ¿Hasta siete veces?
—No te digo que hasta siete veces, sino hasta setenta y siete veces
—le contestó Jesús—».

MATEO 18.21-22, NVI

Da un poco de gracia

Me parece que Dios nos da mucha más gracia de la que podríamos imaginar.

Creo que podríamos hacer lo mismo por los demás.

Tú sabes que no eres perfecto. Y, felizmente, Dios no te pide que lo seas. Por eso te da su gracia, que borra todas esas veces que no eres perfecto.

Cuando Dios te da su gracia, también te pide que hagas algo por él: *Recuerda que ninguno es perfecto tampoco.* Dale un poco de gracia a los que te rodean.

De seguro algo pasará. Tu hermano o hermana dirá algo que te moleste. Tu mejor amigo herirá tus sentimientos. De vez en cuando, incluso tu mamá o tu papá podrían decir algo que te incomode. Cuando esas cosas sucedan, no guardes rencor. Perdónalos y da un poco de gracia, porque Dios te ha dado abundante gracia.

CRECER EN LA GRACIA

Dios te pide que des a los demás la misma gracia que él te da, pero también desea que tengas gracia para ti mismo. No eres perfecto, y cometerás errores. Algún día harás lo que dijiste que no harías. Y cuando lo hagas, pide a Dios que te perdone. No olvides perdonarte a ti mismo también.

Tratados de Amor

Jesús describió a sus seguidores lo que había venido a hacer. Vino a fortalecer una relación con la gente. Vino a erradicar la enemistad, la rivalidad y la separación que existía entre Dios y el hombre. Una vez que llenó aquel vacío y superó aquello, expresó: «Os llamaré amigos».

Para restablecer una relación es esencial comprender que no existe amistad perfecta, matrimonio perfecto ni persona perfecta. Con la determinación de hacer que una relación sea buena, debes desarrollar tratados de paz, de amor, de tolerancia y armonía para transformar una situación difícil en algo hermoso.

Caminata con el Salvador

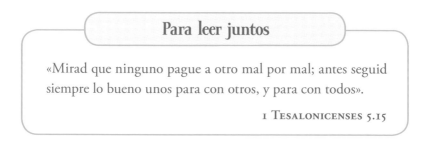

Para leer juntos

«Mirad que ninguno pague a otro mal por mal; antes seguid siempre lo bueno unos para con otros, y para con todos».

1 TESALONICENSES 5.15

Decide amar

Es importante saber que ninguna amistad es perfecta, ninguna familia es perfecta, ninguna persona es perfecta. Y tú no eres perfecto. Así que cuando desees que una relación funcione, para llevarte bien debes recordar que los seres humanos todavía cometerán errores, aún te pondrán nervioso y también herirán tus sentimientos.

Entonces, ¿cómo te llevas bien con los demás? Lee lo que Dios enseña en Romanos 12.10-18: «Ámense los unos a los otros [...] respetándose y honrándose mutuamente [...]. Bendigan a quienes los persigan [...]. Alégrense con los que están alegres; lloren con los que lloran [...]. No paguen a nadie mal por mal [...]. Si es posible, y en cuanto dependa de ustedes, vivan en paz con todos».

En otras palabras... *elige amar.*

CRECER EN LA GRACIA

El amor ágape es «amar de un modo incondicional». Es una elección, no solo una emoción cálida e incierta. Es el tipo de amor que dice: Haré lo mejor por ti incluso cuando lastimes mis sentimientos, me engañes o te rías de mí. Te trataré del modo en que deseo que tú me trates.

El perdón libera el alma

¿Existe alguna emoción que aprisione más el alma que la falta de voluntad para perdonar? ¿Qué haces cuando alguien te maltrata a ti o a quienes amas? ¿No arde dentro de ti el fuego de la ira con llamaradas que saltan y consumen tus emociones? ¿O buscas alguna fuente de agua fresca y sacas de ella una cubeta de misericordia para liberarte?

No subas a la montaña rusa del resentimiento y la ira. Di: «Sí, me trató mal, pero yo voy a ser como Cristo. Yo seré quien diga: "Perdónalos, Padre, porque no saben lo que hacen"».

Caminata con el Salvador

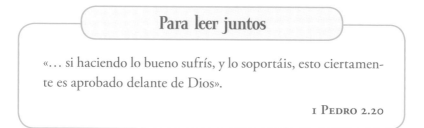

Para leer juntos

«… si haciendo lo bueno sufrís, y lo soportáis, esto ciertamente es aprobado delante de Dios».

1 Pedro 2.20

Apaga el fuego

¿Qué haces cuando las personas te maltratan o a quienes amas? ¿Sientes que surge una ira en ti? ¿Las llamas del odio queman tu corazón? ¿Tu cara se pone roja y caliente?

O, ¿te acercas a Jesús? ¿Le pides que te ayude a controlar el fuego terrible? ¿Sacas un balde lleno de misericordia y lo arrojas hacia las llamas del enojo? ¿Apagas el fuego?

No te dejes llevar por la fuerza de la ira. Sé el que dice: «Sí, él me trató mal, pero voy a ser como Cristo. Yo seré quien diga: "Padre [...] perdónalos, porque no saben lo que hacen"» (Lucas 23.34, NVI).

Si Jesús pudo mirar hacia abajo desde la cruz y decir esas palabras, entonces tú también puedes. Pídele que te ayude a apagar el fuego.

CRECER EN LA GRACIA

La próxima vez que sientas que no puedes perdonar a alguien, imagina a Jesús en la cruz. Él no murió allí para que guardaras rencor. Ora y pide su ayuda para perdonar a los que te han hecho mal.

Pensamientos susurrantes

Imagínate considerar cada momento como un tiempo potencial de comunión con Dios. Cuando llegue el término de tu vida, habrás gastado seis meses detenido ante el semáforo, ocho meses abriendo la correspondencia inservible, año y medio buscando cosas que se te han perdido (se duplica ese número en mi caso) y cinco largos años esperando en varias filas.

¿Por qué no entregas estos momentos a Dios? Al dedicar a Dios tus pensamientos susurrantes, lo común se transforma en extraordinario. Frases sencillas como «Gracias, Padre», «sé el soberano en esta hora, oh Señor» y «Jesús, eres mi lugar de reposo», pueden transformar tu andar cotidiano en una peregrinación. No tienes que abandonar la oficina ni arrodillarte en tu cocina. Sencillamente ora donde te encuentres. Permite que la cocina se convierta en una catedral o el aula de clases en una capilla. Ofrece a Dios tus pensamientos susurrantes.

Como Jesús

Para leer juntos

«Examíname, oh Dios, y conoce mi corazón; pruébame, y conoce mis pensamientos».

SALMOS 139.23

El susurro de tus pensamientos

Imagina qué pasaría si pensaras en cada segundo de cada día como una oportunidad para hablar con Dios.

Cuando tu vida haya terminado, habrás pasado seis meses esperando en los semáforos, un año y medio buscando cosas perdidas, y cinco años esperando en una fila.

¿Por qué no das estos momentos «perdidos» a Dios? Al entregar a Dios tus pensamientos durante estos momentos, lo ordinario se vuelve extraordinario. Tus oraciones no necesitan ser en voz alta. Tus ojos no tienen que estar cerrados. Las oraciones pueden ser simplemente susurros, solo entre tú y Dios.

Las oraciones sencillas, como «gracias, Padre». «Quédate conmigo este día, Dios» y «confío en ti, Jesús», pueden convertir un paseo en automóvil en una adoración. No necesitas ir a un lugar especial. Solo ora en el sitio donde estás. Deja que la cocina se convierta en una iglesia y el aula se convierta en una capilla. Entrega a Dios el susurro de tus pensamientos.

CRECER EN LA GRACIA

¿Solo oras en la iglesia y en tu casa? ¿Solo oras antes de comer y a la hora de acostarte? Prueba hoy un desafío de «orar donde estás». ¿Cuántos lugares diferentes puedes recordar para orar a Dios? ¿Puedes orar en cinco, diez o incluso veinte?

Mas cerca de lo que piensas

Cuando los discípulos vieron a Jesús en medio de su noche tormentosa, creyeron que era un aparecido. Un fantasma. Para ellos, el resplandor era algo, pero jamás creyeron que fuera Dios.

Cuando vemos luces tenues en el horizonte, con frecuencia tenemos la misma reacción. Descartamos la bondad ocasional la confundimos con apariciones, accidentes o anomalías. Alguna otra razón menos Dios…

Y porque buscamos la hoguera, no vemos la vela.

Debido a que ponemos oído al grito, dejamos de escuchar el susurro.

Pero es en velas brillantes que Dios viene, y nos susurra al oído: «Cuando tengas dudas, mira alrededor; estoy más cerca de lo que piensas».

En el ojo de la tormenta

Para leer juntos

«… Jesús les habló, diciendo: ¡Tened ánimo; yo soy, no temáis!».

MATEO 14.27

Más cerca de lo que piensas

La tormenta en el mar era terrible y el viento recio. Las olas golpeaban contra la barca, los discípulos luchaban por sus vidas y estaban realmente asustados. Cuando vieron a Jesús, que caminaba sobre el agua, dijeron que era un fantasma. Un fantasma. Para ellos, el resplandor era cualquier cosa menos Dios.

Cuando vemos luces tenues en medio de las tormentas de la vida, con frecuencia pensamos lo mismo. Vemos la bondad, la mano amiga, la respuesta. Pero creemos que son solo una casualidad, una oportunidad o buena suerte. Interpretamos estos sucesos de muchas maneras diferentes, pero jamás pensamos que se trata de la mano de Dios.

Pero Dios no irrumpe en la habitación con diez mil ángeles para ayudarte. Cuando estás en medio de un día difícil o un problema complicado, él usa a las personas que te rodean para auxiliarte. Ese abrazo amistoso, esa propuesta de ayuda, esa respuesta inesperada justo cuando lo necesitabas, no son accidentes. Son actos de Dios. Él está más cerca de lo que crees.

CRECER EN LA GRACIA

El profeta Elías buscó a Dios en el viento recio, en el terremoto y en el fuego. Pero Dios no estaba en ninguno de estos elementos. Por fin vino una voz como «... suave murmullo...», y este era Dios (1 Reyes 19.11-13, NVI). También puedes escuchar la voz de Dios como suave murmullo, en un amanecer, una palabra amable, una mano amiga.

El propósito de la vida

Explora a fondo en cada corazón y lo encontrarás: anhelo de significado, ansias de propósito. Tan seguro como que un niño respira, algún día se preguntará: «¿Cuál es el propósito de mi vida?».

Algunos buscan significado en una carrera. «Mi propósito es ser dentista». Magnífica vocación, pero es difícil que pueda ser una justificación para la existencia. Optan por un «hacer» humano en lugar de un «ser» humano. Como son lo que hacen, hacen mucho. Trabajan demasiadas horas, porque de otro modo no tienen identidad.

Para otros, son lo que tienen. Hallan significado en un nuevo automóvil o nuevas ropas. Son buenos para la economía, pero difíciles para el presupuesto, porque siempre buscan significado en algo que poseen. Algunos prueban con deportes, creencias raras, relaciones sexuales y otras cosas.

Todo tipo de espejismos en el desierto del propósito. ¿No deberíamos enfrentar la verdad? Si no reconocemos a Dios, no somos más que materia flotante en el universo.

En manos de la gracia

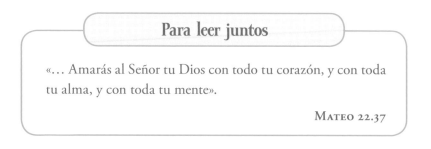

Para leer juntos

«… Amarás al Señor tu Dios con todo tu corazón, y con toda tu alma, y con toda tu mente».

MATEO 22.37

¿Por qué estoy aquí?

Busca bien profundo en cada corazón y lo encontrarás: el deseo de entender para qué Dios nos creó. Tan seguro como que respiras, algún día te preguntarás: «¿Por qué estoy aquí? ¿Para qué Dios me hizo?».

Algunas personas buscan la respuesta en su trabajo. Estas personas creen que el sentido de ser está en lo que *hacen*, así que hacen mucho. «Estoy aquí para ser un estudiante de A, excelente». Esa es una gran meta, pero no es exactamente una razón para vivir.

Otras personas creen que el sentido de ser está en lo que *tienen*. Encuentran significado en usar la ropa correcta, comprar la casa perfecta y los juguetes de moda. Piensan que su razón de existir está ligada a las cosas que poseen. Mientras algunos procuran tener toda la diversión que puedan, otros buscan ser los famosos del deporte o la estrella de cine.

Pero ninguna de estas cosas son las respuestas correctas a la pregunta «¿por qué estoy aquí?». Cada persona solo tiene un propósito en la vida. Una razón para existir. Alabar a Dios.

Entonces, ¿no deberíamos hacer justamente eso?

CRECER EN LA GRACIA

¿Cómo quieres que las personas te describan? ¿Cómo alguien sobresaliente o como una persona dedicada por completo a Cristo? Anota las palabras que piensas que describen a Jesús, como paciente, amable, amoroso y desinteresado. Entonces trata de vivir de tal manera para que otros digan de ti lo mismo. Ese es el tipo de vida que trae gloria a Dios.

Una gran decisión

Nadie es más feliz que quien se ha arrepentido sinceramente de su error. El arrepentimiento es la decisión de abandonar los deseos egoístas y buscar a Dios. Es un pesar genuino y sincero que nos molesta y nos lleva a reconocer el error y al deseo de mejorar.

Es una convicción interna que se manifiesta en acciones externas.

Uno ve el amor de Dios y lo increíble de que nos ame como lo hace, y esta comprensión nos impulsa a cambiar de vida. Esa es la naturaleza del arrepentimiento.

Caminata con el Salvador

Para leer juntos

«¿O menospreciáis las riquezas de su benignidad, paciencia y longanimidad, ignorando que su benignidad te guía al arrepentimiento?».

ROMANOS 2.4

Un giro espiritual

¿Alguna vez has oído la palabra *arrepentirse*? Los cristianos utilizan mucho esa palabra, pero ¿qué significa realmente? *Arrepentirse* significa más que solo decir lo siento. Es dejar de hacer lo que está mal y tratar de hacer lo correcto. Es apartarse del egoísmo y del pecado y volverse a Dios. Es como dar un giro espiritual en *u*.

Cuando nos arrepentimos, la tristeza que sentimos por dentro se manifiesta por fuera o en la forma en que actuamos.

Al ver el amor de Dios, lo compararás con tus pecados. No puedes creer que Dios te ame tanto a pesar de todos tus errores y confusiones. Y saber que él te ama te impulsa a querer cambiar tu forma de vivir. Eso es lo que significa arrepentirse.

CRECER EN LA GRACIA

¿Alguna vez has estado en el automóvil con tus padres cuando ellos se dieron cuenta de que tomaron el camino equivocado? ¿Acaso ellos continúan sin parar? No, ellos se detienen. Pero no solamente se detienen. Ellos dan la vuelta y toman el camino correcto. Eso es arrepentimiento, no solo detenerse, sino también dar un giro completo y seguir por el camino correcto.

Más de lo que el ojo puede ver

La fe es confiar en aquello que los ojos no puede ver.

Los ojos ven al león que acecha. La fe ve al ángel de Daniel.

Los ojos ven tormentas. La fe ve el arco iris de Noé.

Los ojos ven gigantes. La fe ve a Canaán.

Tus ojos ven tus faltas. Tu fe ve a tu Salvador

Tus ojos ven tu culpa. Tu fe ve su sangre.

Tus ojos miran al espejo y ven un pecador, un fracasado, un quebrantador de promesas. Pero por fe miras al espejo y te ves como el pródigo bien vestido que lleva el anillo de gracia en el dedo y el beso del Padre en el rostro.

Cuando Dios susurra tu nombre

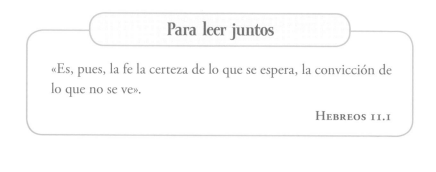

Para leer juntos

«Es, pues, la fe la certeza de lo que se espera, la convicción de lo que no se ve».

Hebreos 11.1

Creer lo que no ves

La fe es confiar en lo que los ojos no pueden ver.

- Los ojos humanos ven a los leones que merodean. La fe de Daniel ve al ángel que cierra la boca de los leones.
- Los ojos humanos observan las tormentas. La fe de Noé observa el arco iris.
- Los ojos humanos ven a un gigante. La fe de David ve caer al gigante Goliat.
- Tus ojos ven tus defectos. Tu fe ve a Jesús tu Salvador.

Cuando te miras en el espejo, ¿ves tus errores, tus pecados? Es fácil para nuestros ojos humanos ver solo lo que está mal. Necesitamos usar nuestros «ojos de fe», la forma en que Dios ve las cosas, para ver lo que es correcto. Mira en el espejo otra vez, usa tus ojos de fe. Puedo decirte lo que Dios ve allí: a su amado Hijo, a quien ha prometido todo el cielo.

CRECER EN LA GRACIA

Confiamos en que nuestros ojos nos muestren lo que es real y lo que no. Pero nuestros ojos no pueden verlo todo. ¿Cuáles son algunas cosas reales, pero invisibles? Viento. Amor. Bondad. Electricidad. ¿Puedes pensar en otras cosas? Es posible que no puedas verlas, pero puedes ver lo que ellas hacen, al igual que puedes ver lo que Dios hace.

Dios está de tu lado

Cuando tenía siete años me fui de casa. Estaba hastiado de las reglas de mi padre y creía que podía valerme por mí mismo. Con la ropa en una bolsa de papel, salí como un bólido por el portón del fondo y me fui por el callejón. Pero no llegué lejos. Recordé que tenía hambre y regresé.

Aunque la rebelión fue breve, fue rebelión. Y si me hubieras detenido en aquella jornada pródiga, seguro que te hubiera dicho: «No necesito de un padre. Estoy demasiado grande para seguir las normas familiares».

No escuché al gallo cantar, como Pedro. No sentí el vómito del pez como Jonás. Tampoco recibí una túnica, ni un anillo ni calzado nuevo como el hijo pródigo. Pero aprendí de mi padre terrenal lo que esas tres personas aprendieron de su padre celestial. Dios no es Padre solo en las buenas. Él no anda con juegos de tómalo y déjalo. Puedo contar con que estará de mi lado, sin importarle mi comportamiento. Tú también puedes estar seguro de lo mismo.

La gran casa de Dios

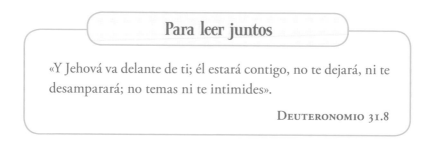

Para leer juntos

«Y Jehová va delante de ti; él estará contigo, no te dejará, ni te desamparará; no temas ni te intimides».

DEUTERONOMIO 31.8

Dios está de tu lado

Cuando tenía siete años, me fui de casa. Estaba cansado de las reglas de mi padre. Puse mi ropa en una bolsa de papel, salí por la puerta trasera y caminé por el callejón. Pero no fui demasiado lejos. Llegué al final del callejón y me di cuenta de que tenía hambre, así que volví a casa.

Aunque mi desobediencia fue breve, fue desobediencia. Y si me hubieras detenido en ese callejón, podría haberte dicho lo que sentía: «No necesito un padre. Ya soy bastante grande para sus reglas».

No oí cantar al gallo como lo escuchó Pedro. Ni el gran pez me vomitó como pasó con Jonás. No me dieron un manto como al hijo pródigo. Pero aprendí de mi padre terrenal lo que ellos aprendieron de su Padre celestial: puedo estar seguro de que Dios está de mi lado sin importar lo que yo haga. Tú también puedes estar seguro de que Dios está de tu lado.

CRECER EN LA GRACIA

Cada familia tiene sus propias reglas. Sé amable. Límpiate los pies. Respeta a todos. Lávate las manos. Di por favor y gracias. La familia de Dios también tiene sus reglas. Solo dos reglas. Averigua qué reglas son en Lucas 10.27.

Lo veremos

¿Qué pasará cuando veas a Jesús?

Verás una pureza intachable y una fortaleza indomable. Sentirás su infinita presencia y conocerás su protección ilimitada. Y todo lo que es él, lo serás tú, porque serás igual a Jesús. ¿Acaso no fue esta la promesa de 1 Juan? Este texto nos enseña: «… sabemos que cuando él se manifieste, seremos semejantes a él, porque le veremos tal como él es» (1 Juan 3.2).

Puesto que serás puro como la nieve, ya no volverás a pecar. Nunca más volverás a tropezar, a sentir soledad ni a dudar.

Cuando Cristo venga, morarás en la luz de Dios. Y lo verás exactamente tal cual él es.

Cuando Cristo venga

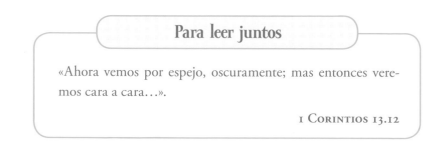

Para leer juntos

«Ahora vemos por espejo, oscuramente; mas entonces veremos cara a cara…».

1 CORINTIOS 13.12

Ver a Jesús con claridad

¿Cómo será ver a Jesús cara a cara? ¿Cómo se sentirá?

Creo que será más maravilloso que todo lo que nuestra mente alcance a imaginar. Sin embargo, aun así me gusta imaginar a Jesús. Imagino que será mejor que la mañana de Navidad, mejor que una fiesta de cumpleaños, mejor que un helado, ¡todo en uno!

Cuando veamos a Jesús cara a cara, estaremos mirando a los ojos de quien nos ama más de lo que ningún otro podría. Y su amor nos llenará de pleno gozo y paz.

Todos nuestros pecados y errores serán lavados por completo y para siempre. Nunca más nos sentiremos culpables, avergonzados, solos ni ignorados. Nunca más volveremos a pecar, fracasar ni dudar. ¿Por qué? Porque «... cuando Cristo venga seremos semejantes a él...» (1 Juan 3.2, NVI).

¡Ya no puedo esperar!

CRECER EN LA GRACIA

En 1 Corintios 13.12 (NVI), leemos: «Ahora vemos de manera indirecta y velada, como en un espejo; pero entonces veremos cara a cara...». Lleva un espejo a un cuarto oscuro. Es un poco difícil ver tu reflejo, ¿cierto? Ahora enciende la luz. ¡Mucho más claro! Así será el cielo, podremos ver a Jesús con claridad.

Si tan solo...

Quizás tu pasado no sea algo de lo cual jactarte. Tal vez has visto cruda maldad. Y ahora debes escoger. ¿Te sobrepones al pasado y estableces un cambio? ¿O permaneces controlado por el pasado y elaboras excusas?

Muchos escogen los hogares de convalecientes del corazón. Cuerpos saludables. Mentes ágiles. Pero sueños retirados. Se mecen incesantemente en el sillón del remordimiento y repiten las condiciones de la rendición. Acércate y los escucharás: «Si tan solo...»

«Si tan solo hubiera nacido en otra parte...».

«Si tan solo me hubieran tratado con justicia...».

Tal vez has expresado estas palabras. Quizás tengas motivos para utilizarlas. Si ese es el caso, busca el Evangelio de Juan y lee las palabras de Jesús: «Lo que es nacido de la carne, carne es; y lo que es nacido del Espíritu, espíritu es» (Juan 3.6).

Cuando Dios susurra tu nombre

Para leer juntos

«... ya no eres esclavo, sino hijo; y si hijo, también heredero de Dios por medio de Cristo».

GÁLATAS 4.7

Si tan solo...

Es fácil mirar el mundo que te rodea y decir: «Si tan solo... Si tan solo pudiera ser parte del equipo... Si tan solo pudiera ser popular... Si solo tuviera la ropa apropiada o los amigos adecuados... Si solo tuviéramos más dinero... Si solo mi familia fuera diferente...».

Tu lista podría seguir y seguir.

Creo que Dios también tiene una lista de «si tan solo...». Su lista probablemente dice algo así: «Si tan solo él supiera cuánto lo amo... Si tan solo ella pidiera mi ayuda... Si tan solo él confiara en mí... Si solo ella me dejara salvarla...».

Hay muchas situaciones de «si tan solo...» por las que no puedes hacer nada. Pero puedes elegir hacer algo con la lista de «si tan solo...» de Dios. Puedes elegir creer en él, obedecer su Palabra y hacer realidad su lista de «si tan solo...».

CRECER EN LA GRACIA

Tú decides qué clase de persona serás. Ya sea que hayas sido bendecido con una hermosa familia o no, puedes decidir si quieres ser como tu familia. Pero Dios está más interesado en si realmente quieres ser como él. Es tu decisión.

Te has robado el corazón de Dios

¿Has notado la manera en que el novio mira a la novia durante la boda? Yo sí. Quizás es debido a mi posición privilegiada. Como ministro de la boda, estoy situado junto al novio.

Si la luz y el ángulo de mi visión están en la posición idónea, puedo ver un leve reflejo en sus ojos. Es el reflejo de ella. Y al verla recuerda por qué está allí. Su mandíbula se relaja y su sonrisa forzada se suaviza. Se olvida de que lleva un esmoquin y de que su camisa está transpirada. Cuando la ve, toda idea de escapar se convierte en chiste otra vez. Lo tiene escrito en toda su cara: «¿Quién puede soportar la vida sin esta novia?».

Y esos son, por cierto, los sentimientos de Jesús. Mira bien a los ojos de nuestro Salvador y allí también verás una novia. Vestida de lino fino. Ataviada en pura gracia… Es la novia… que camina hacia él.

¿Y quién es la novia por quien Jesús suspira? Eres tú. Te has robado el corazón de Dios.

Cuando Cristo venga

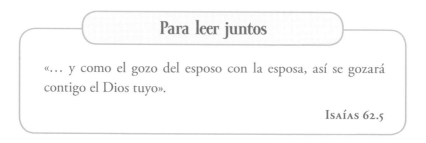

Para leer juntos

«… y como el gozo del esposo con la esposa, así se gozará contigo el Dios tuyo».

Isaías 62.5

El gozo del corazón de Dios

¿Te has fijado en cómo un novio mira a su novia durante la boda? Yo sí. Tal vez sea por la posición en que estoy al ser quien casará a la pareja. Como ministro de la boda, me paro junto al novio.

Si la iluminación es buena, puedo ver un pequeño reflejo en los ojos del novio. El reflejo de ella. Y la vista de ella le recuerda a él por qué está ahí. Su mandíbula se suaviza y su sonrisa vuelve a ser genuina. Él olvida que viste un esmoquin. Se olvida de su camisa empapada de sudor. Cuando ve a su novia, toda idea de huir es una broma. Porque puede notarse en su cara: «¡No puedo vivir sin mi novia!».

Y esos son exactamente los mismos sentimientos que Jesús tiene. Mira por un buen tiempo a sus ojos y verás el reflejo de una persona. Está vestida de blanco. Vestida de pura gracia.

¿Y quién es esta persona a la que Jesús espera? *¡Eres tú!* Eres el gozo del corazón de Dios.

CRECER EN LA GRACIA

Tú eres la luz del mundo de Dios. El gozo de su corazón. La niña de sus ojos. ¿Quieres pruebas? Pide a tu papá que corte una manzana por la mitad. ¿Qué ves en el centro de la manzana? Una estrella. Ese es solo otro recordatorio de que eres la estrella brillante de la creación de Dios.

Los planes de Dios

Cuando nos sometemos a los planes de Dios, podemos confiar en nuestros deseos. La tarea que se nos encomienda se encuentra en la intersección entre el plan de Dios y nuestros deleites. *¿Qué te gusta hacer? ¿Qué te produce gozo? ¿Qué te brinda satisfacción?*

Algunos anhelan alimentar a los pobres. Otros disfrutan ser líderes en la iglesia. Cada uno de nosotros ha sido hecho para servir a Dios en una forma única.

Entonces, los anhelos de tu corazón no son casuales; son mensajes importantes. No debes ignorar los deseos de tu corazón, sino consultarlos. Así como el viento hace girar la veleta que marca las condiciones atmosféricas, Dios usa tus pasiones para hacer girar tu vida. Dios es demasiado bueno para pedirte que hagas algo que te disgusta.

Como Jesús

Para leer juntos

«Deléitate asimismo en Jehová, y él te concederá las peticiones de tu corazón».

SALMOS 37.4

124

Los planes de Dios para tu vida

Cuando elegimos seguir los planes de Dios, podemos confiar en lo que deseamos. La misión de nuestra vida, es decir, nuestro propósito se encuentra donde el plan de Dios y nuestros deleites se encuentran. *¿Qué te gusta hacer? ¿Qué te hace feliz? ¿Qué te da un sentido de satisfacción?* Dios usará esos deseos en su plan para tu vida.

Algunas personas sienten la necesidad de ayudar a los pobres. Otras disfrutan ser líderes en la iglesia. Cada uno de nosotros ha sido creado para servir a Dios en una forma única.

Las cosas que te gusta hacer no son accidentes. Son mensajes importantes. Las cosas que te gusta hacer no se deben ignorar, sino que deben ser respetadas. Así como el viento gira la veleta para señalar la dirección, Dios usa aquello que amas para hacer girar la dirección de tu vida. Él es sumamente amable, no te pediría que hagas algo que odias.

CRECER EN LA GRACIA

Al explorar la misión de tu vida, responde a estas preguntas: ¿qué te gusta hacer? ¿Cuál es tu parte favorita de la iglesia? ¿Qué te hace sonreír más? Ahora encuentra personas en tu iglesia que tengan esos mismos intereses y pregúntales cómo usan lo que les gusta hacer para servir a Dios.

El verdadero hijo de Dios

Lee este versículo: «Y los que estaban en la barca lo adoraron, diciendo: —Verdaderamente tú eres el Hijo de Dios» (Mateo 14.33, NVI).

Después de la tormenta, los discípulos lo adoraron. Nunca habían hecho esto antes como grupo. Nunca. Verifícalo. Abre la Biblia y trata de encontrar un caso en que los discípulos en grupo lo adoraron.

No lo encontrarás.

No los verás adorar cuando sana al leproso. Tampoco adoraron cuando perdona a la adúltera ni cuando predica a las multitudes. Estaban dispuestos a seguirlo, a dejar su familia, a echar fuera demonios y a ser parte de su ejército.

Pero después del incidente en el mar lo adoraron. ¿Por qué?

La respuesta es simple: en esa ocasión los salvados eran ellos.

En el ojo de la tormenta

Para leer juntos

«Y vinieron sus discípulos y le despertaron, diciendo: ¡Señor, sálvanos, que perecemos! Él les dijo: ¿Por qué teméis, hombres de poca fe?…».

MATEO 8.25-26

Jesús nos salva

La Biblia afirma que después de que Jesús calmó la tormenta «... los que estaban en la barca lo adoraron diciendo: —Verdaderamente tú eres el Hijo de Dios» (Mateo 14.33, NVI).

Después de la tormenta, los discípulos lo adoraron. Hasta donde sabemos, ellos nunca lo habían adorado antes como grupo. Nunca. Comprueba eso. Abre tu Biblia. Busca dónde menciona que todos los discípulos se reunieron y adoraron a Jesús. No lo encontrarás.

No verás que lo adoren juntos cuando Jesús sanó al leproso. Tampoco al acercarse a la mujer junto al pozo ni al predicar a la multitud. Ellos estaban dispuestos a seguirlo, a dejar la familia por causa de él, a echar fuera demonios y a ser parte del ejército del Señor.

Pero solo después de que Jesús calmó la tormenta en el mar, ellos lo adoraron. ¿Por qué? La respuesta es simple:

Esta vez sabían que *ellos* eran los que habían sido salvos.

CRECER EN LA GRACIA

El amor salvador de Dios no es solo para las personas en general, sino que también es para ti, de manera personal. ¿No lo crees? Comprueba en Isaías 43.1, que expresa: «... yo te he redimido; te he llamado por tu nombre; tú eres mío». Dios te está llamando, responde a su llamado.

Preciosas oraciones de un padre

Nunca subestimes las reflexiones de un padre cristiano. Nunca subestimes el poder que se manifiesta cuando un padre ruega a Dios en favor de un hijo. ¿Quién sabe cuántas oraciones son contestadas ahora mismo debido a la fiel reflexión de un padre hace diez o veinte años? Dios escucha a los padres reflexivos.

Orar por nuestros hijos es una noble tarea. Si lo que hacemos en esta sociedad de paso rápido nos impide pasar tiempo en oración por nuestros hijos, estamos demasiado ocupados. No hay nada más especial y más precioso que el tiempo que un padre invierte en luchar y reflexionar con Dios en favor de un hijo.

Caminata con el Salvador

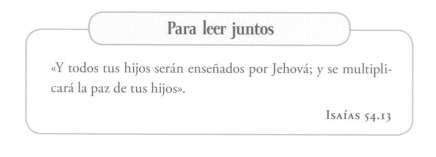

Para leer juntos

«Y todos tus hijos serán enseñados por Jehová; y se multiplicará la paz de tus hijos».

ISAÍAS 54.13

Oraciones para los padres

Presta atención a las oraciones de un padre cristiano. Presta atención al poder que se le da cuando un padre pide a Dios que esté con un niño o lo ayude. ¿Quién sabe qué oraciones serán contestadas en tu vida dentro de diez o veinte años debido a las oraciones fieles de tus padres en este momento? Dios escucha a los padres atentos.

Y Dios escucha a los niños atentos. Así como tus padres oran por ti, toma un tiempo para orar por tus padres. Ellos también son hijos de Dios. Necesitan ayuda, guía y sabiduría de Dios tanto como tú. No hay nada más especial, más valioso que el tiempo que un niño pasa luchando en oración delante de Dios. Él oye tus oraciones y contesta todas ellas en el cielo.

CRECER EN LA GRACIA

No importa tu edad, hay pocas cosas más maravillosas que escuchar tu nombre en oración. Pregunta a tus padres si puedes orar con ellos. Escucha mientras oran por ti y deja que escuchen tus oraciones por ellos.

El templo del Espíritu de Dios

Tú vivirás por siempre en este cuerpo. Pero recuerda que será diferente. Lo que ahora está torcido será enderezado. Lo que ahora es defectuoso será arreglado. Tu cuerpo será diferente, pero no tendrás otro cuerpo. Tendrás este mismo. ¿Cambiará eso el criterio que tienes sobre él? Eso espero.

Dios tiene un alto concepto de tu cuerpo. Tú debes tenerlo también. Respétalo. No te digo que lo adores, sino que lo respetes. Después de todo, es el templo de Dios. Ten cuidado cómo lo alimentas, cómo lo utilizas y cómo lo mantienes. Tú no quisieras que nadie llene de basura tu casa; Dios no desea que nadie ensucie la suya. Después de todo, este cuerpo es suyo. ¿No es así?

Cuando Cristo venga

Para leer juntos

«¿O ignoráis que vuestro cuerpo es templo del Espíritu Santo, el cual está en vosotros, el cual tenéis de Dios, y que no sois vuestros?».

1 Corintios 6.19

El templo de Dios

Vivirás para siempre en tu cuerpo o al menos en una versión perfecta de tu cuerpo. Lo que ahora está torcido se enderezará. Lo que ahora está quebrado se arreglará. Tu cuerpo será diferente, pero no tendrás otro cuerpo. Tendrás el que ahora tienes. Nuevo y perfecto, pero será el mismo. ¿Eso cambia la visión que tienes de tu cuerpo? Eso espero.

Dios creó tu cuerpo y él ama su creación. Tú también deberías amar su creación. Respeta tu cuerpo. No dije que lo adores, sino que lo respetes. Después de todo, la Biblia enseña que el cuerpo humano es el templo de Dios, el lugar donde vive el Espíritu Santo. Ten cuidado de cómo lo alimentas, lo utilizas y lo cuidas. No querrías que nadie destruyera tu casa, ¿verdad? Bueno, Dios tampoco quiere que nadie destruya la suya. Después de todo, es *su* templo, ¿cierto?

CRECER EN LA GRACIA

Todas esas cosas que tu mamá te dice que hagas, como cepillarte los dientes, comerte las verduras, salir a jugar, son para mantenerte saludable. Trata de agregar un hábito saludable esta semana. Apaga el televisor y sal a jugar baloncesto. Elige una fruta para tu merienda después de la escuela. Cuida el templo de Dios.

Cuatro buenos hábitos

El crecimiento es la meta del cristiano. La madurez es un requisito. Si un niño deja de desarrollarse, sus padres se preocupan, ¿verdad?

Cuando un cristiano deja de crecer, necesita ayuda. Si eres el mismo cristiano de hace pocos meses atrás, ¡cuidado! Sería sabio de tu parte que te hicieras un examen. No de tu cuerpo, sino de tu corazón. No un examen físico, sino espiritual.

¿Puedo sugerirte uno?

¿Por qué no examinas tus hábitos? Haz de los siguientes cuatro hábitos una actividad regular y observa lo que sucede.

Primero, el hábito de la oración. Segundo, el hábito del estudio. Tercero, el hábito de dar. Y por último, el hábito de la comunión con otros.

Cuando Dios susurra tu nombre

Para leer juntos

«… crezcan en la gracia y en el conocimiento de nuestro Señor y Salvador Jesucristo…».

2 PEDRO 3.18, NVI

Cuatro hábitos buenos

Hacer crecer una fe más fuerte debe ser el objetivo de todo cristiano. Es necesaria la madurez. Si dejaras de crecer en altura, tus padres estarían preocupados, ¿verdad? Buscarían ayuda para ti.

Cuando la fe de un cristiano deja de crecer, también se necesita ayuda. Si eres el mismo cristiano que eras el año pasado, ten cuidado. Tal vez necesites un examen. No de tu cuerpo, sino de tu corazón. No un examen físico, sino espiritual.

¿Puedo sugerir uno?

¿Por qué no examinas tus hábitos? Haz que estos cuatro hábitos formen parte de tus actividades diarias y mira lo que sucede.

Primero, el hábito de la oración. Segundo, el hábito del estudio bíblico. Tercero, el hábito de dar tu tiempo y tu dinero a la obra de Dios aquí en la tierra. Y, por último, el hábito de la comunión y la amistad con otros cristianos.

CRECER EN LA GRACIA

Haz una lista de los cuatro hábitos (oración, estudio bíblico, dar (dinero y tiempo) y comunión) y ponla donde puedas verla todos los días. Marca cada punto de esa lista al menos una vez al día. Aunque tener una lista de verificación no te llevará al cielo, te puede ayudar a tener un poco de cielo en tu vida cada día.

Dios está en nuestro equipo

Cuando jóvenes, los chicos del barrio jugábamos fútbol en la calle. Al minuto de llegar a casa de la escuela, dejábamos los libros y nos íbamos a la calle. El muchacho de enfrente tenía un padre con un gran brazo y una fuerte adicción al fútbol. Tan pronto como se estacionaba al llegar del trabajo, empezábamos a gritar para que saliera y jugara. Él no podía resistir. Para ser justo, siempre preguntaba: «¿Qué equipo está perdiendo?». Entonces se incorporaba a ese equipo, que solía ser el mío.

Su aparición en el grupo lo cambiaba todo. Él tenía seguridad, era fuerte y, sobre todo, tenía un plan. Nosotros hacíamos un círculo en derredor suyo y nos miraba y decía: «Bien, muchachos, esto es lo que vamos a hacer». El otro equipo gruñía antes de que rompiéramos grupo. La cosa es que no solo teníamos un nuevo plan, sino también un nuevo líder.

Traía nueva vida a nuestro equipo. Dios hace precisamente lo mismo. No necesitamos un nuevo juego; necesitamos un nuevo plan. No necesitamos cambiar posiciones; necesitamos un nuevo jugador. Ese jugador es Jesucristo. El unigénito Hijo de Dios.

En manos de la gracia

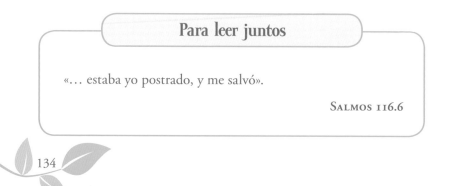

Para leer juntos

«… estaba yo postrado, y me salvó».

SALMOS 116.6

Un nuevo líder

Mientras crecía, todos los chicos del barrio jugábamos al fútbol. Al llegar a casa de la escuela, salíamos deprisa a la calle. Un niño tenía un padre con un brazo fuerte y un gran amor por el fútbol. Apenas él llegaba del trabajo, comenzábamos a pedirle que viniera a jugar a la pelota. Él no podía resistirse. Para ser justo, él siempre preguntaba: «¿Qué equipo está perdiendo?». Entonces se unía a ese equipo, que a menudo solía ser el mío.

Al unirse él al grupo, todo el juego cambiaba. Él era seguro, fuerte y, sobre todo, tenía un plan. Nos miraba y decía: «Bien, chicos, esto es lo que vamos a hacer». Mientras nos reuníamos el otro equipo se quejaba. Ahora no solo teníamos un nuevo plan, sino que también teníamos un nuevo líder. Él traía nueva vida a nuestro equipo.

Dios hace lo mismo. En este mundo pecaminoso no necesitamos una obra nueva; necesitamos un nuevo plan. No necesitamos intercambiar posiciones; necesitamos un nuevo jugador. Ese jugador es Jesús.

CRECER EN LA GRACIA

Escoge algunos amigos para jugar Seguir al líder. Cada uno, por turnos, será el líder. ¿Te das cuenta de cómo el estilo de liderazgo de cada persona es un poco diferente? Deja que Jesús sea tu líder a través de la vida. Él te mostrará una nueva forma de hacer las cosas.

Transformados a su imagen

¿Qué sabemos sobre nuestros cuerpos resucitados? Serán diferentes a todo lo que hayamos imaginado.

¿Luciremos tan diferentes que no nos reconoceremos de inmediato? Quizás (puede que necesitemos etiquetas con nombres.) ¿Atravesaremos paredes? Es posible que hagamos mucho más.

¿Llevaremos aún las cicatrices del dolor de la vida? Las marcas de la guerra. Las desfiguraciones de la enfermedad. Las heridas de violencia. ¿Permanecerán estas en nuestros cuerpos? Esa es una pregunta en verdad buena. Jesús conservó las suyas, al menos por cuarenta días. ¿Mantendremos las nuestras? Sobre este tema solo podemos opinar, y mi opinión es que no. Pedro declara: «… Por sus heridas ustedes han sido sanados» (1 Pedro 2.24, NVI). En la contabilidad celestial, solo una herida es digna de ser recordada. Y esta es la herida de Jesús. Las nuestras desaparecerán.

Cuando Cristo venga

Para leer juntos

«El cual transformará el cuerpo de la humillación nuestra, para que sea semejante al cuerpo de la gloria suya, por el poder con el cual puede también sujetar a sí mismo todas las cosas».

FILIPENSES 3.21

Sanados de nuestras heridas

¿Qué sabemos de cómo serán nuestros cuerpos en el cielo? ¿Nos veremos tan diferentes que otros no sabrán quiénes somos? Probablemente (es posible que necesitemos etiquetas con nuestro nombre).

¿Caminaremos a través de las paredes y sobre el agua? Lo más probable es que haremos mucho más que eso.

¿Seguiremos todavía con las cicatrices de esta vida? Conservaremos los golpes y los moretones, los síntomas de la enfermedad, las cicatrices por habernos caído de la bicicleta y quebrado el brazo ¿Seguirán estas cicatrices en nuestros cuerpos? Esa es una buena pregunta. Jesús mostró las cicatrices en sus manos, sus pies y su costado durante al menos cuarenta días. ¿Y nosotros, seguiremos con nuestras cicatrices? En cuanto a esta pregunta, solo tenemos opiniones, y mi opinión es que no. Pedro afirmó: «... Por sus heridas ustedes han sido sanados» (1 Pedro 2.24, NVI). En el cielo solo una herida es digna de ser recordada: la herida de Jesús.

Seremos sanados de nuestras heridas y dolores.

CRECER EN LA GRACIA

La burla es un pecado terrible. Causa heridas que son tan graves como las heridas en el cuerpo. Al volver a la escuela este año, ten cuidado de no herir a los que te rodean. Y cuando veas a alguien herido por causa de las burlas, ofrécele palabras sanadoras de bondad.

Una vida libre de confusión

La vida más poderosa es la vida más sencilla. La vida más poderosa es la que sabe hacia dónde se dirige, que conoce dónde está la fuente de poder y la vida que se mantiene libre de la confusión, la circunstancia fortuita y el apresuramiento.

Estar ocupado no es pecado. Jesús estaba ocupado. Pablo estaba ocupado. Pedro estaba ocupado. Nada de importancia se logra sin esfuerzo, trabajo arduo y fatiga. Estar ocupado no es pecado. Pero mantenerse ocupado en la búsqueda permanente de *cosas* que nos dejan internamente vacíos, huecos y quebrantados no puede agradar a Dios.

Una de las fuentes de la fatiga humana es la búsqueda de cosas que nunca traerán satisfacción. Pero ¿quién de nosotros no se ha visto atrapado en esa búsqueda en algún momento de la vida? Nuestras pasiones, posesiones y orgullo son cosas *muertas*. Cuando intentamos obtener vida de las cosas muertas, el resultado es solo fatiga e insatisfacción

Caminata con el Salvador

Para leer juntos

«Porque donde esté vuestro tesoro, allí estará también vuestro corazón».

MATEO 6.21

En busca del mundo

La vida más poderosa es la vida más simple. Es la vida que sabe que Dios es su fuente de fortaleza. Es la vida que se mantiene libre del desorden y el afán.

Estar ocupado no es un pecado. Jesús estaba ocupado. Pablo estaba ocupado. Pedro estaba ocupado. Nada importante sucede sin trabajo duro y fatiga. Estar ocupado no es realmente un pecado.

Pero ¿por qué estamos ocupados? ¿Acaso es una búsqueda sin fin para conseguir más cosas: las más nuevas, las más grandes, las más recientes? ¿O es una búsqueda interminable de popularidad para ser el mejor y lucir mejor que otros? Ese tipo de actividad solo te dejará vacío por dentro. Eso no agrada a Dios.

Procurar conseguir las cosas de este mundo te fatiga. Las cosas no pueden hacerte feliz, porque siempre hay más cosas que buscar. Tus posesiones, tu orgullo, tu popularidad, estas son solo cosas. Cuando tratas de llevar una vida enfocado en las cosas en lugar de Dios, solo te fatigas y eres infeliz.

CRECER EN LA GRACIA

Está bien tener cosas, querer cosas. Pero no está bien cuando todo en lo que piensas son esas cosas. La próxima vez que quieras comprar algo, intenta esperar una semana o incluso dos. Puede que no necesites eso después de todo.

No te llenes de pánico

¿Tu desilusión pesa demasiado? Lee la historia de los discípulos que iban camino a Emaús. El Salvador que ellos pensaban que estaba muerto caminaba junto a ellos. Entró en la casa de ellos y se sentó a su mesa. Y algo pasó dentro de sus corazones: «… ¿No ardía nuestro corazón en nosotros, mientras nos hablaba en el camino, y cuando nos abría las Escrituras?» (Lucas 24.32).

La próxima vez que te sientas desilusionado, no te dejes envolver por el pánico. No te des por vencido. Ten paciencia y permítele a Dios recordarte que Él aún está en control. No des por terminado algo, hasta que en realidad termine.

Todavía remueve piedras

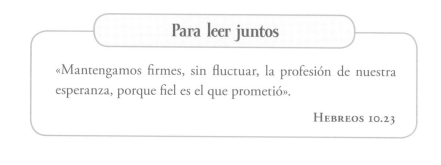

Para leer juntos

«Mantengamos firmes, sin fluctuar, la profesión de nuestra esperanza, porque fiel es el que prometió».

HEBREOS 10.23

No te llenes de pánico

¿Has tenido muchas decepciones esta semana? ¿Has sufrido muchas derrotas últimamente y no suficientes victorias?

Lee la historia de los discípulos en el camino a Emaús en Lucas 24.13-35. El Salvador que creían muerto caminaba junto a ellos. El Salvador entró en la casa de ellos y se sentó a la mesa. Y en ese momento algo sucedió en sus corazones: «... ¿No ardía nuestro corazón mientras conversaba con nosotros en el camino y nos explicaba las Escrituras?» (Lucas 24.32, NVI).

La próxima vez que te sientas desalentado, no te rindas. Ten paciencia y deja que Dios te recuerde que él aún tiene el control. Deja que él aliente tu corazón con su Palabra. No creas que todo ha terminado, sino hasta que realmente se haya terminado.

CRECER EN LA GRACIA

Imagina que eres uno de esos discípulos en el camino a Emaús. ¿Cómo sería perder a tu Salvador y de repente encontrar que camina junto a ti? Bueno... él camina a tu lado. Él está en tu casa, sentado a tu mesa. Y él te explicará la Palabra de Dios. Él es el Espíritu Santo de Dios que vive en ti.

Los frutos del engaño

Más de una vez he escuchado a algunas personas hablar de Ananías y Safira, y con una risa nerviosa decir: «Me alegro de que Dios ya no mata a los mentirosos». No estoy tan seguro de que no lo hace. Me parece que el fruto del engaño aún es la muerte. No la muerte del cuerpo, quizás, pero otro tipo de muerte:

> *La muerte de un matrimonio.* Las mentiras son las termitas que carcomen el tronco del árbol familiar.
> *La muerte de una conciencia.* La tragedia de la segunda mentira es que siempre es más fácil de decir que la primera.
> *La muerte de una carrera.* Pregúntale al estudiante que expulsaron por engañar o al empleado que dejaron cesante por desfalco si la mentira no es fatal.

Podríamos añadir la muerte de la intimidad, la confianza, la paz, la credibilidad y el autorrespeto. Pero quizás la muerte más trágica sea nuestro testimonio cristiano. Los tribunales no escuchan el testimonio de un testigo perjuro. Tampoco lo hará el mundo.

Como Jesús

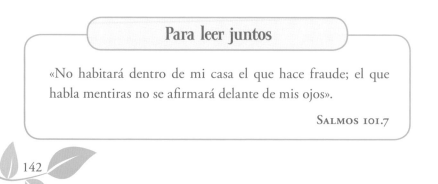

Para leer juntos

«No habitará dentro de mi casa el que hace fraude; el que habla mentiras no se afirmará delante de mis ojos».

SALMOS 101.7

142

El precio de las mentiras

Más de una vez he oído a las personas hablar de la historia de Ananías y Safira (Hechos 5.1-11), y con una risa nerviosa decir: «Me alegro de que Dios no siga matando a las personas por mentir». Pero no estoy tan seguro de que él no lo haga. Creo que el castigo por mentir sigue siendo la muerte. Probablemente no la muerte del cuerpo, sino por ejemplo, la muerte de *la confianza de los padres*. Las mentiras son como termitas en el tronco del árbol familiar; también la muerte de *una conciencia:* la verdadera tristeza de la segunda mentira es que siempre es más fácil de decir que la primera; la muerte de *un futuro:* solo pregúntale al estudiante que fue reprobado por hacer trampa si esa mentira realmente valió la pena.

También podríamos citar la muerte de las amistades, la confianza, la paz, la reputación y la autoestima. Pero quizás la muerte más trágica que sucede a causa de nuestras mentiras es la muerte de nuestro testimonio cristiano. La corte y los jueces no escucharán a los testigos que mienten. Y el mundo tampoco.

CRECER EN LA GRACIA

¿Por qué crees que las personas mienten? Ananías y Safira mintieron para quedar bien ante los demás. Otros pueden mentir para salir de los problemas o para conseguir algo que quieren. El problema con una mentira es que por lo general lleva a otra y a otra. Las mentiras son como las cebollas, ¡tienen muchas capas y todas huelen fuerte!

¿Quién descifra la eternidad?

No se necesita ser sabio para saber que las personas anhelan algo más que la tierra. Cuando vemos el dolor, anhelamos. Cuando vemos hambre, preguntamos por qué. Muertes sin sentido. Lágrimas interminables, pérdidas innecesarias…

Tenemos nuestros momentos especiales. El recién nacido sobre nuestro pecho, la novia de nuestro brazo, el sol sobre nuestras espaldas. Pero incluso esos momentos son apenas atisbos de luz que atraviesan las ventanas del cielo. Dios galantea con nosotros. Nos provoca. Nos corteja. Esos momentos son aperitivos del plato que ha de venir.

«… Cosas que ojo no vio, ni oído oyó, ni han subido en corazón de hombre, son las que Dios ha preparado para los que le aman» (1 Corintios 2.9).

¡Qué impactante versículo! ¿Te das cuenta de lo que dice? *El cielo está más allá de nuestra imaginación.* Ni en nuestro momento más creativo, ni en nuestra más profunda reflexión ni en nuestro nivel más alto podremos descifrar la eternidad.

Cuando Dios susurra tu nombre

Para leer juntos

«Dios hizo todo hermoso en su momento, y puso en la mente humana el sentido del tiempo, aun cuando el hombre no alcanza a comprender la obra que Dios realiza de principio a fin».

ECLESIASTÉS 3.11, NVI

Más allá de nuestra imaginación

No hace falta ser un genio para saber que queremos más de lo que el mundo nos puede dar. Deseamos vivir en un lugar sin dolor ni hambre. Libre de enfermedades, lágrimas y pérdidas de seres queridos. Y a veces nos preguntamos: «¿Por qué la vida es tan difícil?».

Dios da momentos de gozo para darnos esperanza y ayudarnos a seguir adelante. Nos dice: «Si crees que esto es bueno, espera y mira lo que tengo para ti en el cielo».

Como Pablo expresó: «... Ningún ojo ha visto, ningún oído ha escuchado, ninguna mente humana ha concebido lo que Dios ha preparado para quienes lo aman» (1 Corintios 2.9, NVI).

¡Qué versículo tan maravilloso! ¿Comprendes lo que dice? El cielo está *más allá* de nuestra imaginación. Incluso en nuestros momentos más creativos, en nuestros sueños más increíbles, no podemos imaginar la majestuosidad y la perfección del cielo.

CRECER EN LA GRACIA

Comparar nuestro gozo en la tierra con el gozo del cielo es como comparar la luz de una linterna con la luz del sol. Enciende una linterna afuera por la noche. Sí, alumbrará un poco tu camino. Pero por la mañana, observa al sol. ¡Ilumina todo el camino! Imposible comparar el sol con ningún otro.

Más dulce después del descanso

El valor del tiempo se ha disparado. El valor de cada mercancía depende de su escasez. Y el tiempo, que antes fue abundante, ahora se lo lleva el mejor postor.

Cuando tenía diez años, mi madre me matriculó en clases de piano. Pasar treinta minutos cada tarde atado a una banqueta de piano era una tortura.

Pero aprendí a disfrutar algo de la música. Martillaba los *staccatos*. Me esmeraba en los *crescendos*. Pero había una instrucción en la música que nunca lograba obedecer para satisfacción de mi maestra. El silencio. La marca en zigzag que ordenaba no hacer nada. ¿Qué sentido tiene? ¿Por qué sentarse al piano y hacer una pausa cuando uno puede apretar las teclas?

«Porque —me explicaba pacientemente la maestra— la música es más dulce después de un descanso».

Eso no tenía sentido para mí a la edad de diez años. Pero ahora, unas cuantas décadas más tarde, las palabras resuenan con sabiduría: sabiduría divina.

Aplauso del cielo

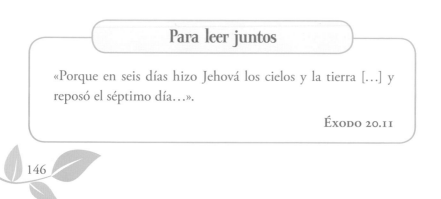

Para leer juntos

«Porque en seis días hizo Jehová los cielos y la tierra [...] y reposó el séptimo día…».

ÉXODO 20.11

Más dulce después de un descanso

Cuando tenía diez años, mi madre me hizo tomar clases de piano. Pasar treinta minutos cada tarde sentado en esa banqueta de piano fue una tortura.

Sin embargo, aprendí a disfrutar algo de la música. Golpeé los *staccatos*. Golpeé los *crescendos*. Pero había una instrucción en la música que nunca pude hacer bien. El *silencio*. Esa señal que parece un zigzag que indica no hacer nada. ¿Qué sentido tiene eso? ¿Por qué sentarse al piano y hacer un silencio cuando se puede tocar?

«Porque —explicó pacientemente mi maestro— la música siempre es más dulce después de un silencio». En ese entonces eso no tenía sentido para mí. Pero ahora las palabras de mi maestro suenan con sabiduría, sabiduría divina. La música es más dulce después de un silencio. Y la vida es más dulce después de estar en silencio con Dios.

CRECER EN LA GRACIA

Tu vida puede volverse una locura. Hay muchas actividades para hacer con la familia, la iglesia, la escuela y en los deportes. Realizar demasiadas actividades puede controlar tu vida, así que dedica un tiempo para estar en silencio con Dios. Solo pasa un tiempo en su presencia. Verás que el mundo es mucho más dulce después de estar en silencio con él.

147

El nombre de Dios en tu corazón

Cuando estés confundido en cuanto al futuro, acude a tu *Jehová-raá:* el pastor que te cuida. Cuando estés ansioso por tu sustento, habla con *Jehová-jireh:* el Señor que provee. ¿Es el desafío demasiado grande? Busca la ayuda de *Jehová-shalom:* el Señor de paz. ¿Estás enfermo? ¿Estás débil emocionalmente? *Jehová-rofe:* Jehová el sanador, te verá ahora. ¿Te sientes como un soldado extraviado detrás de las líneas del enemigo? Refúgiate en *Jehová-nisi:* Jehová es mi estandarte.

La meditación en los nombres de Dios te hace recordar el carácter de Dios. Toma estos nombres y atesóralos en tu corazón.

Dios es:

El pastor que guía.
El Señor que provee.
La voz que trae paz en la tormenta.
El médico que sana al enfermo.
El estandarte que guía al soldado.

La gran casa de Dios

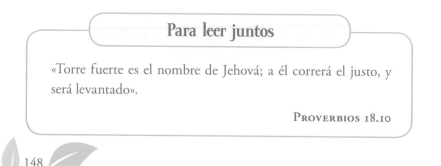

Para leer juntos

«Torre fuerte es el nombre de Jehová; a él correrá el justo, y será levantado».

PROVERBIOS 18.10

Los nombres de Dios

Dios tiene muchos nombres para mostrar cómo satisface tus muchas necesidades.

Cuando estés confundido sobre el futuro, acércate a *Jehová-raá:* el pastor que te cuida. Cuando estés preocupado por lo que necesitas, habla con *Jehová-jireh:* el Señor que provee. ¿Tus problemas parecen demasiado difíciles? Busca la ayuda de *Jehová-shalom:* el Señor es paz. ¿Estás enfermo? ¿Te duele el corazón? Clama a *Jehová-rofe:* el Señor que te sana, te verá ahora. ¿Te sientes como un soldado atrapado detrás de las líneas enemigas? Enfoca tus ojos en *Jehová-nisi:* el Señor es el estandarte que yo sigo.

Pensar en los nombres de Dios te recuerda al carácter de Dios. Toma estos nombres y guárdalos en tu corazón.

Dios es... el *pastor* que guía, el *Señor* que provee, la *voz* que trae paz en medio de la tormenta, el *médico* que sana a los enfermos y el *estandarte* que el soldado sigue.

CRECER EN LA GRACIA

¿Cuáles son tus nombres? No solo tu nombre, tu segundo nombre y los apellidos, sino tus otros nombres, como hijo o hija, hermano o hermana, amigo, estudiante. Así como cada uno de tus nombres dice algo diferente de quién eres y lo que haces, los nombres de Dios describen todas las cosas diferentes que él hace por ti.

Céntrate en la majestad de Dios

Hace unos años un sociólogo acompañó a un grupo de alpinistas en una expedición. Entre otras cosas, observó una marcada correlación entre la cumbre cubierta por una nube y el contentamiento. Cuando no había nubes y el pico estaba a la vista, los alpinistas se mostraban energéticos y cooperativos. Sin embargo, cuando las nubes grises eclipsaban la vista de la cima de la montaña, los alpinistas se mostraban malhumorados y egoístas.

Lo mismo sucede con nosotros. Cuando nuestros ojos se fijan en la majestad de Dios, hay brío en nuestro caminar. Pero si dejamos que nuestros ojos se fijen en el polvo que pisamos, refunfuñamos ante cada piedra y cada grieta que tenemos que cruzar. Por esta razón Pablo exhorta: «Si, pues, habéis resucitado con Cristo, buscad las cosas de arriba, donde está Cristo sentado a la diestra de Dios. Poned la mira en las cosas de arriba, no en las de la tierra». (Colosenses 3.1-2).

La gran casa de Dios

Para leer juntos

«A quien amáis sin haberle visto, en quien creyendo, aunque ahora no lo veáis, os alegráis con gozo inefable y glorioso».

1 PEDRO 1.8

150

Fija tus ojos en Dios

Hace algunos años, un sociólogo, alguien que estudia cómo actúan las personas, fue con un grupo de alpinistas en una expedición. Una de las cosas que él observó fue la conexión entre las nubes y el contentamiento. Cuando no había nubes y los alpinistas podían ver la cima de la montaña, se mostraban vigorosos y deseosos por ayudarse unos a otros. Pero cuando las nubes oscuras y grises bloqueaban su vista de la cima de la montaña, los alpinistas se volvían malhumorados y egoístas.

Lo mismo pasa con nosotros. Mientras nuestros ojos se enfocan en la majestad de Dios, hay un salto en nuestro paso. Estamos felices con nosotros mismos y felices de ayudar a los demás. Pero si dejamos que nuestros ojos se enfoquen en la basura de este mundo, nos quejaremos de cada pedazo de roca y charco que tengamos que pasar. Debido a esto, Pablo nos exhortó: «Concentren su atención en las cosas de arriba, no en las de la tierra» (Colosenses 3.2, NVI).

CRECER EN LA GRACIA

Escribe un reporte meteorológico diario durante una semana. Anota si la temperatura está cálida o fría, soleada o nublada. También describe cómo te sientes en esos días. ¿El sol te da energía? ¿Las nubes te ponen triste? Si los días oscuros te deprimen, concéntrate en el Hijo cuando no haya sol en el cielo.

En los brazos de Dios

No nos gusta decir adiós a quienes amamos. Ya sea en una escuela o en un cementerio, la separación es dura. Está bien que lloremos, pero no hay razón para la desesperanza. Ellos sentían dolor aquí. Pero no sienten dolor allá. Ellos luchaban aquí, pero no luchan allá. Tú y yo podríamos preguntarnos por qué Dios se los llevó. Pero ellos no. Ellos entienden. En este mismo instante están en paz en la presencia de Dios.

Cuando hace frío en la tierra, podemos consolarnos al saber que nuestros seres amados están en los cálidos brazos de Dios. Y cuando Cristo venga, podremos abrazarlos también.

Cuando Cristo venga

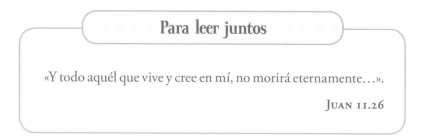

Para leer juntos

«Y todo aquél que vive y cree en mí, no morirá eternamente…».

JUAN 11.26

En los brazos de Dios

No nos gusta despedirnos de las personas que amamos. Ya sea decir adiós a un amigo que se muda a otro lugar o a un ser querido que ha fallecido, separarnos es difícil. Cuando la muerte es la razón de nuestro adiós, es especialmente duro. Está bien que estemos tristes y lloremos, pero no tenemos que renunciar a la esperanza. Recuerda: Ellos sintieron dolor aquí en la tierra, pero ya no sienten dolor allí en el cielo. Tuvieron problemas aquí en la tierra, pero ya no tienen problemas allí en el cielo.

Tú y yo podríamos preguntarnos por qué Dios los llevó al cielo. Pero ellos no lo hacen. Ellos entienden. En este mismo momento, ellos están en paz y con Dios.

Cuando hace frío aquí en la tierra, podemos sentir consolación al saber que nuestros seres queridos están a salvo en los brazos tiernos de Dios. Y cuando Jesús regrese, los volveremos a ver.

CRECER EN LA GRACIA

Pregunta a tus padres si tu familia puede plantar un árbol para honrar a un ser querido perdido. Elige un lugar donde puedas ver ese árbol a menudo. Al verlo crecer, ten la seguridad que el Dios que creó este árbol, de una pequeña semilla, guarda a tu ser querido, así como cuida de tu árbol.

153

La entrada a tu corazón

Tu corazón es un invernadero fértil, listo para producir buenos frutos. Tu mente es la entrada a tu corazón, el sitio estratégico donde determinas qué semillas van a sembrarse y cuáles serán desechadas. El Espíritu Santo está listo para ayudarte a manejar y a filtrar los pensamientos que traten de entrar. Él puede ayudarte a guardar tu corazón.

Él está contigo junto al umbral. Un pensamiento se acerca, un pensamiento cuestionable. ¿Abres las puertas de par en par y lo dejas entrar? Por supuesto que no. Tú llevas «… cautivo todo pensamiento a la obediencia a Cristo» (2 Corintios 10.5). No dejas la puerta sin vigilancia. Te equipas de esposas y grilletes, listo para capturar todo pensamiento no apto para entrar.

Como Jesús

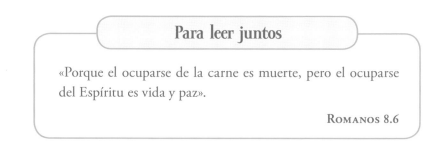

Para leer juntos

«Porque el ocuparse de la carne es muerte, pero el ocuparse del Espíritu es vida y paz».

ROMANOS 8.6

Guarda tu corazón

Tu corazón es como un invernadero listo para producir buenos frutos. Y tu mente es la puerta al invernadero de tu corazón. Con tu mente decides qué semillas plantar en tu corazón y qué semillas desechar, qué pensamientos vale la pena retener y cuáles deben ser rechazados. El Espíritu Santo está listo para ayudarte a decidir qué hacer con todos esos pensamientos que tratan de entrar. Él puede ayudarte a guardar tu corazón.

El Espíritu Santo está contigo en la puerta. Si viene un pensamiento, uno que no sea bueno, ¿abres la puerta de tu mente y lo dejas entrar? Claro que no. Tú llevas: «... cautivo todo pensamiento para que se someta a Cristo» (2 Corintios 10.5, NVI). No dejas la puerta abierta y sin vigilancia. Al contrario, estás listo con esposas y grilletes de hierro, listo para llevar cautivo todo pensamiento no bueno que procura entrar.

CRECER EN LA GRACIA

Algunos pensamientos son claramente buenos. Otros son claramente malos. Y algunos están en el medio. ¿Cómo puedes saber cuáles son buenos y cuáles son malos? Responde a la pregunta: ¿me gustaría que otros supieran qué estoy pensando? ¿Me gustaría que Jesús supiera lo que estoy pensando? Si no, ¡entonces deséchalo!

Ansiosa espera de la venida de Jesús

¿Qué clase de personas debemos ser? Buena pregunta. Pedro nos dice: «… debéis vosotros andar en santa y piadosa manera de vivir, esperando y apresurándoos para la venida del día de Dios…» (2 Pedro 3.11-12).

La esperanza en el futuro no nos da licencia para ser irresponsables en el presente. Esperemos ansiosamente, pero esperemos.

Para la mayoría, la espera no es el problema. Quizás debo decir que la espera sí es el problema. Somos tan buenos esperando que no esperamos *ansiosamente*. Olvidamos mirar. Estamos demasiado conformes. Rara vez escrutamos los cielos. Rara vez, si acaso alguna, permitimos al Espíritu Santo que interrumpa nuestros planes y nos conduzca a la adoración para que podamos ver a Jesús.

Cuando Cristo venga

Para leer juntos

«Pero el día del Señor vendrá como ladrón en la noche; en el cual los cielos pasarán con grande estruendo […]. Puesto que todas estas cosas han de ser deshechas, ¡cómo no debéis vosotros andar en santa y piadosa manera de vivir!».

2 PEDRO 3.10-11

Ansiosa espera de la venida de Jesús

¿Qué clase de persona deberíamos ser? Excelente pregunta. Pedro declara: «... ¿no deberían vivir ustedes como Dios manda, siguiendo una conducta intachable y esperando ansiosamente la venida del día de Dios?...» (2 Pedro 3.11-12, NVI).

No obstante, la esperanza del cielo en el futuro no nos da el derecho de hacer lo que nos place hoy. Debemos ser santos y esperar al Señor.

Esperamos por muchas cosas. Esperamos en la fila, en la clase, en el coche, y esperamos *mientras anticipamos* que termine la espera. Pero ¿cómo estamos esperando a Jesús? ¿Esperamos que nuestra espera por él termine? ¿Lo estamos buscando? Con demasiada frecuencia estamos contentos con esperar y nos olvidamos de *anticipar*. No permitimos que el Espíritu Santo cambie nuestros planes. No permitimos que nos guíe a la adoración para que podamos ver a Jesús. Estamos esperando, pero no anticipamos.

CRECER EN LA GRACIA

¿Qué significa «esperar a Jesús»? Es similar a esperar por unas vacaciones. Cuentas los días, pero también te ocupas en prepararte. Preparas la maleta, haces una lista. Decides hacia dónde irás. Esperas, pero mientras esperas estás ocupado. Espera a Jesús también mientras te ocupas: Ora. Estudia. Enseña. Prepárate.

Un padre fiel

Reconocer a Dios como Señor es conceder que es soberano y supremo en el universo. Aceptarlo como Salvador es aceptar el don de salvación que ofreció en la cruz. Considerarlo Padre es un paso más. Idealmente, un padre es aquel que te da lo que necesitas y te protege. Esto es lo que ha hecho Dios:

Ha cubierto tus necesidades (Mateo 6.25-34).

Te ha protegido del peligro (Salmos 139.5).

Te ha adoptado (Efesios 1.5).

Y te ha dado su nombre (1 Juan 3.1).

Dios ha demostrado ser un padre fiel. Ahora nos toca a nosotros ser hijos confiados.

Él todavía remueve piedras

Para leer juntos

«… Dios de verdad, y sin ninguna iniquidad en él; es justo y recto».

DEUTERONOMIO 32.4

Un Padre fiel

Reconocer a Dios como Señor es saber que él gobierna y es rey de todo el universo. Aceptarlo como Salvador es aceptar su don de salvación que ofreció por medio de su Hijo Jesús en la cruz. Considerarlo como Padre es un paso más. Un padre debe ser el que te provee y te protege. Los padres terrenales a veces fracasan en esto, pero Dios no. Mira lo que Dios ha hecho por ti:

Ha suplido todas tus necesidades (Mateo 6.25-34).
Te ha protegido del peligro (Salmos 139.5).
Te ha adoptado como hijo suyo (Efesios 1.5).
Te ha dado su nombre (1 Juan 3.1).

Dios ha demostrado ser un Padre fiel. Ahora depende de nosotros ser hijos que confían en él.

CRECER EN LA GRACIA

Así como tus padres tienen responsabilidades hacia ti, tú también tienes responsabilidades con tus padres. Obedecerlos. Respetarlos. Amarlos. Escucharlos. Esas mismas responsabilidades tienes para con Dios. Después de todo, él es tu Padre.

Un mapa del tesoro

La Biblia ha sido prohibida, quemada y ridiculizada. Los eruditos se han burlado de ella llamándola tontería. Los reyes la han declarado ilegal. Mas de mil veces han cavado la tumba, y el canto fúnebre ha empezado, pero por algún motivo la Biblia nunca se queda en la tumba. No solo ha logrado sobrevivir, sino que ha alcanzado incluso más éxito. Es el libro de mayor popularidad en toda la historia. ¡Es el libro de mayor venta en todo el mundo a través de los años!

No hay manera humana de explicarlo. Quizás esa es la única explicación. ¿La verdad? La perdurabilidad de la Biblia no está cimentada en la tierra, sino en el cielo. Para los millares que han probado sus afirmaciones y se han apropiado de sus promesas hay solo una respuesta: la Biblia es el libro de Dios y la voz de Dios.

Biblia de inspiración

Para leer juntos

«En el principio era el Verbo, y el Verbo era con Dios, y el Verbo era Dios».

JUAN 1.1

Un mapa del tesoro

La Biblia ha sido prohibida, quemada, deshonrada y ridiculizada. Los eruditos la han llamado una tontería. Los reyes la han declarado ilegal. Miles de veces han declarado que la Biblia ya expiró, pero de alguna manera ella nunca permanece inactiva. No solo ha sobrevivido todos estos años, sino que también su popularidad ha aumentado. Es el libro más popular de toda la historia, ¡el libro más vendido del mundo por años!

No hay manera de explicarlo, lo cual es quizás la única manera de explicarlo. La respuesta para la conservación de la Biblia no se encuentra en la tierra, sino en el cielo. La Biblia es el libro y la voz de Dios. No puede ser silenciada.

El propósito de la Biblia es contar al mundo el plan de Dios y su pasión de salvar a sus hijos. Esa es la razón por la que ella ha perdurado durante siglos. Es el mapa del tesoro que nos lleva a descubrir el tesoro mayor de Dios: la vida eterna con él en el cielo.

CRECER EN LA GRACIA

Esconde un tesoro, una barra de chocolate o unas galletas. Traza un mapa del tesoro con pistas que muestren cómo encontrarlo. Entrega el mapa a un amigo para ver si puede hallarlo. Así como es tan maravilloso encontrar tu tesoro, ¿cuánto más maravilloso será encontrar el tesoro de Dios para ti?

Confianza en el Padre

Si este año celebras a solas tu aniversario de bodas, Dios te habla.

Si tu hijo llegó al cielo antes de llegar al *kindergarten,* Dios te habla.

Si tus sueños quedaron enterrados al descender el féretro, Dios te habla.

Él nos habla a todos los que alguna vez estuvimos o estaremos parados sobre la tierra blanda junto a una tumba abierta. Y nos brinda estas palabras de confianza: «Tampoco queremos, hermanos, que ignoréis acerca de los que duermen, para que no os entristezcáis como los otros que no tienen esperanza. Porque si creemos que Jesús murió y resucitó, así también traerá Dios con Jesús a los que durmieron en él» (1 Tesalonicenses 4. 13-14).

Cuando Cristo venga

Para leer juntos

«… Jehová ha consolado a su pueblo, y de sus pobres tendrá misericordia».

ISAÍAS 49.13

Dios te habla

En un momento u otro todos sufrimos por la muerte de alguien que amamos. Dios entiende tu dolor y quiere consolarte.

Si vas a celebrar un cumpleaños sin tener al amado abuelo a tu lado, Dios te habla. Si tu padre fue al cielo cuando todavía era demasiado joven, Dios te habla. Si aún extrañas a un amigo que falleció, Dios te habla.

Dios habla a todos los que se han parado o se pararán ante una tumba abierta. Y él nos da estas palabras de consuelo: «Hermanos, no queremos que ignoren lo que va a pasar con los que ya han muerto, para que no se entristezcan como esos otros que no tienen esperanza. ¿Acaso no creemos que Jesús murió y resucitó? Así también Dios resucitará con Jesús a los que han muerto en unión con él» (1 Tesalonicenses 4.13-14, NVI).

CRECER EN LA GRACIA

Si un ser querido ha fallecido, escribe las cosas que amabas de esa persona. Agrega una foto o un dibujo. Cuando lo añores, saca tu lista y dedica un tiempo para recordarlo. Pide a Dios que guarde a tu ser querido cerca de sí hasta que tú y esa persona estén juntos de nuevo.

Dos palabras

Piensa por un momento en esta pregunta: ¿Qué pasaría si Dios no estuviera aquí en la tierra? Si piensas que la gente puede ser cruel ahora, imagínate cómo seríamos sin la presencia de Dios. Si crees que somos brutales el uno contra el otro, imagínate el mundo sin el Espíritu Santo. Piensas que hay soledad, desesperación y sentido de culpabilidad ahora, imagínate la vida sin el toque de Jesús.

Sin perdón. Sin esperanza. Sin actos de bondad. Sin palabras de amor. No más alimentos ofrecidos en su nombre. No más himnos cantados para su alabanza. No más obras realizadas en su honor. Si Dios se lleva sus ángeles, su gracia, su promesa de la eternidad y sus servidores ¿cómo sería el mundo?

Dos palabras, un infierno.

Como Jesús

Para leer juntos

«Al que venciere y guardare mis obras hasta el fin, yo le daré autoridad sobre las naciones».

Apocalipsis 2:26

Dos palabras

Piensa por un minuto en esta pregunta: ¿qué pasaría si el Espíritu de Dios no estuviera aquí en la tierra? Si piensas que las personas son malas ahora ¡imagínate cómo serían sin la presencia de Dios! Si crees que somos malos el uno contra el otro ahora, imagínate el mundo sin el Espíritu Santo. Si crees que hay soledad, tristeza y culpabilidad ahora, imagina la vida sin el toque de Jesús.

Sin perdón. Sin esperanza. Sin actos de bondad. Sin palabras de amor. Sin alimentos donados en su nombre. Sin canciones que alaben su nombre. Sin más buenas obras que lo honren. Si Dios quitara a sus ángeles, su gracia, su promesa de vida eterna y a sus siervos, ¿cómo sería el mundo?

En dos palabras: un infierno. Yo preferiría tener un mundo lleno de Jesús.

CRECER EN LA GRACIA

Imagínate un mundo sin sol. ¿Qué pasaría? Habría oscuridad y frío. Las plantas y los animales morirían. Las personas morirían de hambre. Ahora piensa en lo que pasaría si Dios no existiera. Habría oscuridad espiritual. Habría corazones fríos, almas moribundas y personas hambrientas de amor. Así como el sol nos da luz física y vida, Dios nos da luz y vida espirituales.

Para Dios no hay secretos

¿Has estado allí? ¿Has sentido el suelo de la convicción ceder bajo tus pies? El borde se derrumba, tus ojos se ensanchan y te vas abajo. ¡Cataplum!

¿Qué haces? Cuando caemos, podemos restarle importancia, negarlo, distorsionarlo o hacerle frente a la situación.

Con Dios no podemos tener secretos. La confesión no es decirle a Dios lo que hicimos. Él ya lo sabe. La confesión es sencillamente convenir con Dios que nuestros actos fueron errados.

¿Cómo sanará Dios lo que negamos? ¿Cómo perdonarnos cuando no confesamos nuestra culpa? Ah, ahí está la famosa palabra: *culpa* ¿No es eso lo que intentamos evitar? Culpa. ¿No es eso lo que detestamos? ¿Pero, es tan malo ser culpable? ¿Qué implica la culpa sino que conocemos la diferencia entre lo malo y lo bueno y que aspiramos a ser mejores? La culpa es eso: un sincero remordimiento por decirle a Dios una cosa y hacer otra.

El trueno apacible

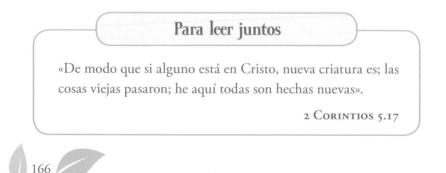

Para leer juntos

«De modo que si alguno está en Cristo, nueva criatura es; las cosas viejas pasaron; he aquí todas son hechas nuevas».

2 Corintios 5.17

Para Dios no hay secretos

¿Has estado ahí? Sabías lo que era hacer lo bueno. Sabías lo que era hacer el mal. Y elegiste hacer el mal. Es como si estuvieras parado en el borde del acantilado, tratando de tomar una decisión y tu idea de bondad se desmoronó bajo tus pies. La voluntad cedió y caíste. ¡Cataplum!

¿Y entonces qué haces? Cuando te caes, puedes olvidarlo, negarlo o enfrentarlo.

No podemos guardar secretos con Dios. La confesión no es decir a Dios lo que hicimos. Él lo sabe. La confesión es simplemente estar de acuerdo con Dios en que lo que hicimos estuvo mal.

¿Cómo puede Dios perdonar si no admitimos nuestra culpa? Aja, ahí está la palabra: *culpa*. ¿Acaso no es eso lo que queremos evitar? ¿No es eso lo que detestamos? Pero ¿acaso sentir culpa es tan malo? Culpa simplemente significa que sabemos distinguir el bien del mal y que esperamos no cometer el mismo error la próxima vez. La culpa es un dolor saludable por prometer una cosa a Dios, pero luego hacer lo contrario.

CRECER EN LA GRACIA

Somos similares a las calabazas. Perfectas, suaves y limpias por fuera. Pero por dentro, estamos mal con pecado y culpa. Sé sincero con Dios; confiesa tus pecados. Él limpiará todo el pecado y la culpa de tu vida. Y tallará su imagen en tu corazón.

Un plato de experiencias

Anoche, durante el culto familiar, llamé a mis hijas a la mesa y coloqué un plato frente a cada una. En el centro acomodé diferentes alimentos: frutas, algunas verduras crudas y galletas. «Todos los días —les expliqué— Dios nos prepara un plato de experiencias. ¿Qué tipo de platos disfrutan más?».

La respuesta les resultó fácil. Sara puso tres galletitas en su plato. Algunos días son así, ¿verdad? Algunos días son «días de tres galletitas». Muchos no. Algunas veces nuestro plato solo tiene verduras: veinticuatro horas de apio, zanahoria y calabaza. Aparentemente Dios sabe que necesitamos algo de fortaleza, y aunque la porción puede ser difícil de tragar, ¿acaso no es para nuestro propio bien? Sin embargo, la mayoría de los días tienen un poco de todo.

La próxima vez que tu plato tenga más brócoli que pastel de manzanas, recuerda quién preparó la comida. Y la próxima vez que tu plato tenga una porción que encuentres difícil de tragar, habla con Dios sobre el asunto. Jesús lo hizo.

La gran casa de Dios

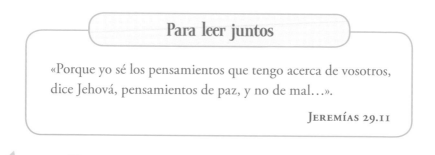

Para leer juntos

«Porque yo sé los pensamientos que tengo acerca de vosotros, dice Jehová, pensamientos de paz, y no de mal…».

JEREMÍAS 29.11

Un plato de galletas

Una noche, durante los devocionales familiares, puse un plato vacío delante de cada una de mis hijas. En el centro de la mesa coloqué una selección de frutas, verduras crudas y galletas. «Todos los días —expliqué— Dios prepara para nosotros un plato de experiencias. ¿Qué tipo de plato te gusta más?».

La respuesta fue fácil. Sara puso tres galletas en su plato. Algunos días son así, ¿verdad? Algunos días son como «días de tres galletas». Pero muchos no lo son. A veces nuestro plato solo tiene nada más que verduras: veinticuatro horas de apio, zanahorias y calabaza. Dios sabe que tenemos que fortalecer nuestros músculos. Puede ser difícil de tragar, pero ¿acaso no es por nuestro propio bien? Sin embargo, la mayoría de los días tienen un poco de todo.

La próxima vez que tu plato tenga más «brócoli» que «galletas», recuerda quién lo hizo. Y si te es difícil de tragar, habla con Dios al respecto. Jesús lo hizo.

CRECER EN LA GRACIA

La mayoría de los días tienen un poco de todo en ellos. Un poco de algo bueno y un poco de algo malo. A veces es un poco atareado, en otras ocasiones son tristes y también hay días felices. Prepárate para esos días con un plato lleno de alimentos de Dios, una oración corta, un estudio breve, un poco de alabanza y estarás listo para enfrentarte al mundo.

Corramos la carrera

La palabra *carrera* proviene del griego *agon*, de donde se deriva la palabra *agonía*. La carrera cristiana no es una marcha al trote, sino más bien una exigente y agotadora carrera, algunas veces agonizante, que requiere un enorme esfuerzo para terminar bien.

Probablemente has notado que muchos no corren. Quizás has observado que hay muchos a la orilla de la pista. Solían correr. Hubo un tiempo en que mantenían el ritmo, pero los venció el cansancio. No esperaban que la carrera fuera tan rigurosa…

En contraste con esto, la mayor tarea de Jesús fue su tarea final, y su paso más fuerte fue el último paso. Nuestro Maestro es el clásico ejemplo de uno que logró perdurar… Él pudo haber abandonado la carrera, pero no lo hizo.

Como Jesús

Para leer juntos

«… corramos con paciencia la carrera que tenemos por delante».

HEBREOS 12.1

Terminar la carrera

La palabra *carrera* proviene del griego *agon,* del cual viene la palabra *agonía.* El escritor de la Epístola a los Hebreos compara la vida cristiana con una carrera. Esta carrera no es un trote fácil, sino más bien una carrera exigente, difícil y a veces *agonizante.* Se necesita un gran esfuerzo para terminarla bien.

Lamentablemente, muchos cristianos no terminan la carrera. Tal vez has visto a algunos que se detienen a un lado del camino de la vida. Estas personas solían correr, llevaban una vida por la causa de Cristo. Se mantuvieron firmes por un tiempo. Pero luego se cansaron. Nunca pensaron que sería tan difícil.

Piensa en Jesús y en la carrera que él corrió. La mejor obra de Jesús fue su obra final, y su paso más fuerte fue su último paso hacia la cruz. Nuestro Señor es el mejor ejemplo de alguien que sigue adelante. Pudo haber desistido. Pero no lo hizo. Él terminó la carrera. Por su gracia, tú también la terminarás.

CRECER EN LA GRACIA

¿Alguna vez has corrido en una carrera? Es bastante fácil cuando empiezas. Pero después se vuelve más difícil. ¿Cómo te sientes después de correr la mitad de camino? ¿Estás tentado a renunciar? Pero echa un vistazo a esa línea de llegada, y eso te llenará de energía. ¡Qué maravilloso es terminar la carrera!

Ya está todo explicado

Comprendemos cómo se forman las tormentas. Cartografiamos los sistemas solares y trasplantamos corazones. Medimos las profundidades de los océanos y enviamos señales a planetas distantes. Hemos estudiado el sistema y estamos aprendiendo su funcionamiento.

Y, para algunos, la pérdida de misterio ha conducido a la pérdida de majestad. Mientras más sabemos, menos creemos. Es extraño, ¿no? El conocimiento de su funcionamiento no debería dejar de maravillarnos. Debería estimularnos. ¿Quién tiene más razones para adorar que quien ha visto las estrellas?

Irónicamente, mientras más sabemos, menos adoramos. Nos impresiona más el descubrimiento del interruptor de la luz que quien inventó la electricidad... En lugar de adorar al Creador, adoramos la creación (leer Romanos 1.25).

No es de asombrarse que no haya asombro. Ya lo tenemos todo explicado.

En manos de la gracia

Para leer juntos

«Cuando veo tus cielos, obra de tus dedos, la luna y las estrellas que tú formaste, digo: ¿Qué es el hombre, para que tengas de él memoria?...».

SALMOS 8.3-4

Pueden explicarlo todo

Los científicos entienden cómo surgen las tormentas. Ellos pueden trazar los sistemas solares, medir las profundidades de los océanos y enviar señales a planetas lejanos. Ellos han estudiado nuestro mundo y están aprendiendo cómo funciona.

Y, para algunas personas, esta pérdida del misterio ha llevado a la pérdida de la majestad. Cuanto más saben del mundo, menos creen en Dios. Eso es absurdo, ¿no te parece? Saber cómo funcionan las cosas no debería anular la maravilla, sino despertar la curiosidad por ella.

Sin embargo, cuanto más saben algunas personas sobre nuestro mundo, menos adoran a Dios. Se sienten más impresionados por el invento de la bombilla de luz que con el creador de la electricidad. En lugar de adorar al Creador, adoran su creación (Romanos 1.25). No es de extrañar que ya no se maravillen por ella. Creen que pueden explicarlo todo.

CRECER EN LA GRACIA

Probablemente has oído hablar de las teorías del big bang y la evolución. Tal vez has oído a muchos reírse de la verdad de la creación de Dios. No creas algo solo porque lo leíste en un libro o viste en la televisión. Examina en la apologética, que es la defensa de la fe y también en la Palabra de Dios. Presta atención a lo que los científicos cristianos dicen al respecto.

Un Dios compasivo

Los sentimientos de mi hija están heridos. Le digo que para mí es especial.

Mi hija está lastimada. Hago lo que sea para que se sienta mejor.

Mi hija tiene miedo. No me duermo hasta que se sienta segura.

No soy un héroe, sino un padre. Cuando un hijo siente dolor, un padre lo ayuda, porque eso es lo que le nace de un modo natural.

¿Por qué no permito que mi Padre haga por mí lo que estoy más que dispuesto a hacer por mis propios hijos?

Estoy aprendiendo. Ser padre me está enseñando que cuando me critican, me hieren o me asustan, hay un Padre que está dispuesto a consolarme. Hay un Padre que me sostendrá hasta que me sienta mejor, me ayudará hasta que pueda convivir con el dolor y no se dormirá cuando sienta temor de despertarme y ver la oscuridad.

Jamás.

Aplauso del cielo

Para leer juntos

«El cual nos consuela en todas nuestras tribulaciones, para que podamos también nosotros consolar a los que están en cualquier tribulación…».

2 Corintios 1.4

Dios está dispuesto a ayudar

El deber de un padre es ayudar a sus hijos cuando están heridos. Piensa en tus propios padres y en todo lo que ellos hacen por ti. Cuando te sientes herido, ¿te dicen lo maravilloso que eres realmente? Cuando te han lastimado, ¿hacen ellos todo lo que puedan para que te sientas mejor? Cuando tienes miedo, ¿esperan contigo hasta que te sientas seguro?

Eso es lo que se supone que deben hacer los padres. Ellos ayudan a sus hijos heridos. Pero ¿qué pasa si estás lejos de tus padres, tal vez en la escuela? ¿O si a tus padres no les agrada ayudarte?

Si es así, recuerda que tienes un Padre celestial que siempre está dispuesto a ayudarte. Cuando se rían de ti, te lastimen o sientas miedo, él está listo para consolarte. Te abrazará hasta que te sientas mejor, te ayudará hasta que puedas soportar el dolor, y se quedará contigo cuando tengas miedo de despertarte y ver la oscuridad.

Siempre.

CRECER EN LA GRACIA

¿Cuántas cosas buenas han hecho tus padres por ti hoy? Asegúrate de expresar tu profundo agradecimiento. Pero por mucho que tus padres te amen, Dios te ama millones de veces más. Ni siquiera te puedes imaginar cuántas cosas buenas él hará por ti... justo hoy.

Cuando damos las gracias

La adoración tiene lugar cuando uno está consciente de que se le ha dado mucho más de lo que puede dar. Adorar es estar consciente de que si no fuera por su toque, aún cojearíamos, sufriríamos y andaríamos amargados y deshechos. La adoración es la expresión medio vidriosa en la cara reseca de un peregrino del desierto al descubrir que el oasis no es un espejismo.

La adoración es la expresión de «gracias» que rehúsa ser silenciada.

Hemos tratado de hacer una ciencia de la adoración. Esto no lo podemos hacer. No lo podemos hacer, como no podemos «vender amor» ni «negociar la paz».

La adoración es un acto voluntario de gratitud ofrecido al Salvador por la persona salva, por el sanado al Sanador y por el redimido al Redentor.

En el ojo de la tormenta

Para leer juntos

«... Alabad a Jehová, porque él es bueno; porque para siempre es su misericordia».

Salmos 106.1

Da «gracias»

La adoración es lo que sucede cuando estás consciente de que el don que has recibido es mucho mayor que todo lo que puedes dar.

La adoración es como el viajero que se pierde en el desierto. Lo único que este quiere más que nada es lo único que no puede encontrar: el agua. Así que cuando finalmente encuentra ese manantial, no puede evitar expresar su agradecimiento.

La adoración es el agradecimiento que no se puede callar.

A veces las personas tratan de hacer una ciencia de la adoración, imponen reglas para nuestras canciones y oraciones. Pero la adoración no se trata de las reglas, es mucho más que eso.

La adoración es el agradecimiento del corazón que el salvo ofrece al Salvador, que el sanado entrega al Sanador y que el libre ofrece al Libertador.

CRECER EN LA GRACIA

Hay muchas maneras de adorar a Dios. Prueba una forma diferente hoy. Pinta un cuadro de alabanza. Eleva un canto de salvación. Escribe un poema sobre sus promesas. Agradece de una manera completamente nueva.

Un lugar para el cansado

¿Existe algo más frágil que una caña cascada? Observa la caña cascada a la orilla del agua. Lo que fue un tallo esbelto y fuerte de hierba ribereña, está ahora doblado e inclinado.

¿Eres tú una caña cascada? ¿Ha pasado mucho tiempo desde que te erguías orgulloso?

Entonces algo ocurrió. Te sentiste herido:

¿Por unas palabras ásperas?
¿Por la ira de un amigo?
¿Por la traición de tu cónyuge?

Una caña cascada… La sociedad sabe qué hacer contigo… El mundo te quebrará; te eliminará.

Pero los artistas de la Escritura proclaman que Dios no lo hará. Pintado sobre un lienzo tras otro está el tierno toque de un Creador que tiene un sitio especial para los heridos y los cansados del mundo. Un Dios que es amigo del corazón herido.

Todavía remueve piedras

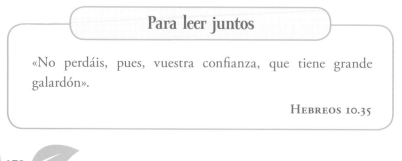

Para leer juntos

«No perdáis, pues, vuestra confianza, que tiene grande galardón».

HEBREOS 10.35

178

Un lugar para el cansado

La caña es una hierba de tallo delgado y alto que crece junto al río. Sin embargo, es delicada y se quiebra con gran facilidad. La que una vez estuvo tan orgullosa y fuerte se puede quebrar fácilmente a la orilla del río.

A veces podemos ser como cañas quebradas. Tal vez nos creímos tan superiores y tan orgullosos una vez, pensamos que todo estaba bien con nuestra vida. Entonces algo pasó. Fuimos heridos por las palabras malas, la ira de alguien o la traición de un amigo.

Fuimos esa caña quebrada. Este mundo sabe qué hacer con nosotros cuando ya no nos levantamos confiados. Este mundo quiere quebrarnos para que no volvamos a levantarnos.

Pero la Biblia nos enseña que Dios no hará eso. Él tiene un lugar especial para las personas heridas y cansadas. Y Dios nos ayudará a levantarnos de nuevo.

CRECER EN LA GRACIA

Imagínate la forma en que un ave protege a sus polluelos. El ave madre los mete bajo sus alas cálidas para protegerlos de todo peligro. Eso es justo lo que Dios quiere hacer por ti cuando estás herido: «Pues te cubrirá con sus plumas y bajo sus alas hallarás refugio...» (Salmos 91.4, NVI).

La vida espiritual y el Espíritu

Quizás los recuerdos de tu niñez te causan más dolor que inspiración. Las voces de tu pasado te maldijeron, te rebajaron, no te tomaron en cuenta. En aquella época creías que ese trato era el habitual. Ahora ves que no es así.

Y ahora intentas explicarte tu pasado. ¿Te sobrepones al pasado y tratas de dejar huellas? ¿O permaneces dominado por el pasado y elaboras excusas?

Medita en esto. ¡La vida espiritual viene del Espíritu! Tus padres pueden haberte dado sus genes, pero Dios te da su gracia. Tus padres pueden ser responsables por tu cuerpo, pero Dios se ha hecho cargo de tu alma. Es posible que tu aspecto venga de tu madre, pero obtienes la eternidad de tu Padre, tu Padre celestial. Y Dios está dispuesto a darte lo que tu familia no te dio.

Cuando Dios susurra tu nombre

Para leer juntos

«… no andamos conforme a la carne, sino conforme al Espíritu».

ROMANOS 8.4

Atrévete a ser diferente

Algunas personas no son como deberían ser. En lugar de ser amigables y alentar a quienes los rodean, los tratan de manera hosca. Se ríen de los demás y se burlan de ellos. A veces fingen que otros no son lo suficientemente importantes como para tenerlos en cuenta. A estas personas los llamamos burlones. Dios los llama perdidos».

Entonces, ¿qué haces? ¿Qué haces cuando los burlones son los niños populares que todos los demás quieren imitar? ¿Te atreves a ser diferente? ¿Te atreves a ser la persona que Dios te llamó a ser? ¿O simplemente haces lo mismo que los demás y eres como ellos?

Es tu decisión, pero no tienes que tomarla solo. Jesús declaró: «... Y les aseguro que estaré con ustedes siempre, hasta el fin del mundo» (Mateo 28.20, NVI). *Siempre.* Cuando los burlones se rían de ti, cuando los demás del montón te ignoren, Jesús estará allí contigo.

CRECER EN LA GRACIA

Si tú o alguien que conoces es burlado o acosado, ¿qué puedes hacer? Primero, ora y pide a Dios que ponga personas en tu vida para ayudarte. Luego habla con un adulto de confianza: un padre, alguien de la iglesia o un maestro. Dios usa a sus demás hijos para responder a tus oraciones.

181

Corre hacia Jesús

¿Te preguntas a dónde acudir en busca de estímulo y motivación? Regresa a aquel momento cuando sentiste por primera vez el amor de Jesucristo. ¿Recuerdas aquel día en que te hallaste separado de Cristo? Solo conocías la culpabilidad y la confusión, y entonces… una luz. Alguien abrió una puerta y la luz penetró en tu oscuridad, y dijiste en tu corazón: «¡Soy redimido!».

Corre hacia Jesús. Jesús quiere que vayas a Él. Quiere convertirse en la persona más importante en tu vida, el más grande amor que jamás conocerás. Él quiere que lo ames tanto que no quede espacio en tu corazón ni en tu vida para el pecado. Invítalo a morar en tu corazón.

Caminata con el Salvador

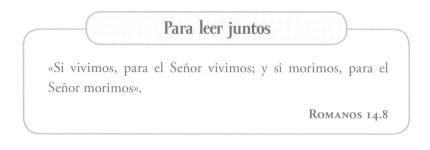

Para leer juntos

«Si vivimos, para el Señor vivimos; y si morimos, para el Señor morimos».

ROMANOS 14.8

Corre hacia Jesús

¿Alguna vez te sientes solo? ¿Como si nadie más pudiera entender cómo te sientes? ¿Anhelas tener alguien a quien recurrir para animarte, alguien que te dé esperanza y valor? Esa persona existe: Jesús.

Acércate a Jesús y a su amor. Cuando sientes que todos tus amigos te han dejado. Cuando sabes que te has equivocado y no estás seguro de cómo corregirlo. Acércate a Jesús. Pídele que quite tu confusión y culpa. Pídele que te muestre lo que debes hacer. Y confía, que él siempre te amará y te ayudará en los momentos difíciles.

Jesús quiere que te acerques a él. Él desea ser la persona más importante de tu vida, el amor más grande que jamás hayas conocido. Él busca que lo ames tanto que no haya lugar en tu corazón ni en tu vida para cometer pecado. Pídele que venga y viva en tu corazón. Él no se negará.

CRECER EN LA GRACIA

Zaqueo subió a un árbol para ver a Jesús. Cuatro amigos abrieron un techo para ver a Jesús. ¿Qué harás tú para verlo? ¿Elegirás ir a la iglesia en vez de jugar a la pelota? ¿Preferirías ir a la clase bíblica en vez de ver una película? ¿Pasarías un tiempo de oración en vez de pasar el tiempo en un juego? Elige a Jesús y te prometo que estarás en verdad contento por haberlo hecho.

Una verdadera familia

¿Tiene algún comentario Jesús sobre el trato con familiares difíciles? ¿Hubo algún caso en que Jesús llevó paz a una familia herida? Sí.

El suyo propio…

¡Quizás te sorprenda saber que el Señor tenía una familia! Tal vez no estabas enterado de que Jesús tenía hermanos y hermanas. Pues los tuvo. Cuando Marcos cita las críticas de los coterráneos de Jesús, escribió: «¿No es éste el carpintero, hijo de María, hermano de Jacobo, de José, de Judas y de Simón? ¿No están también aquí con nosotros sus hermanas…» (Marcos 6.3).

Y es posible que te sorprenda saber que su familia era menos que perfecta. Es cierto. Si tu familia no te aprecia, aliéntate, que tampoco lo hizo la de Jesús.

Pero el Señor no intentó controlar el comportamiento de su familia, ni permitió que la conducta de ellos controlara la suya. No exigió que estuvieran de acuerdo con él. Ni se resintió cuando lo insultaban. No fue su misión la de tratar de complacerlos.

Todavía remueve piedras

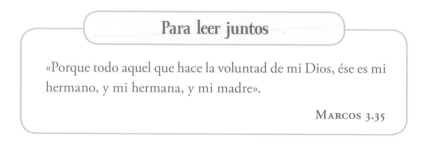

Para leer juntos

«Porque todo aquel que hace la voluntad de mi Dios, ése es mi hermano, y mi hermana, y mi madre».

MARCOS 3.35

La familia de Jesús

Quizás te sorprenda saber que Jesús tenía hermanos y hermanas. Así fue. Marcos escribió esto de la familia de Jesús: «... el hijo de María y hermano de Jacobo, de José, de Judas y de Simón? ¿No están sus hermanas aquí con nosotros?» (Marcos 6.3, NVI).

Y también probablemente te sorprenda saber que la familia de Jesús era menos que perfecta. Después de todo, cada miembro de su familia era humano. Marcos incluso nos dijo que la familia de Jesús no siempre entendía ni comprendía por qué predicaba. Una vez trataron de interrumpir su predicación y llevarlo a casa «... porque decían: "Está fuera de sí"» (Marcos 3.21, NVI).

¿Cómo crees que Jesús trató a su familia cuando no estaba de acuerdo con él o no lo comprendían? Él los trató de la misma manera que a todas las personas. Lo hizo con bondad y paciencia, con amor y respeto. Y así es como él desea que trates a tu familia, incluso cuando no te entienden o cuando tú no los entiendes.

CRECER EN LA GRACIA

¿Qué enseña Dios sobre tratar con las personas difíciles? Examina estos versículos: No guardes rencor (Proverbios 10.12). Pasa por alto la ofensa (Proverbios 19.11). Sobre todo, ama a tus enemigos y ora por ellos (Mateo 5.44).

Dios está de tu lado

Dios está de *tu* lado. Mira al otro lado de la línea; ese es Dios vitoreándote. Mira más allá de la meta; ese es Dios que aplaude tus pasos. Escúchalo en las graderías, él grita tu nombre. ¿Demasiado cansado para continuar? Él te cargará. ¿Demasiado desalentado para luchar? Él te levanta. Dios está de tu lado.

Dios está de *tu* lado . Si él tuviera un calendario, tu cumpleaños estaría marcado con un círculo. Si condujera un automóvil, tu nombre estaría en su parachoques. Si hubiera un árbol en el cielo, hubiera tallado tu nombre en la corteza.

«¿Puede una madre olvidar a su niño de pecho, y dejar de amar al hijo que ha dado a luz?…», pregunta Dios en Isaías 49.15. Qué ridículo. Madres, ¿pueden imaginarse que amamantan a su bebé y luego se preguntan: «¿Cómo se llama?» No. He visto cómo atienden a sus criaturas. Le acarician el pelo, le tocan las mejillas, cantan su nombre una y otra vez. ¿Puede una madre olvidar? No. «… Aun cuando ella lo olvidara, ¡yo no te olvidaré!», promete Dios (Isaías 49.15, NVI).

En manos de la gracia

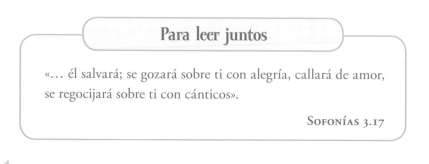

Para leer juntos

«… él salvará; se gozará sobre ti con alegría, callará de amor, se regocijará sobre ti con cánticos».

SOFONÍAS 3.17

Dios está de tu lado

Imaginemos que la vida es como una gran carrera. Mira a los lados del camino, Dios está animándote. Mira más allá de la línea de llegada, Dios está allí celebrándote. Escucha su voz en las gradas, grita tu nombre. ¿Estás demasiado cansado para terminar? Él te cargará. ¿Has perdido la esperanza para seguir adelante? Dios te recogerá. Dios está de *tu* lado.

Dios está de *tu* lado. Si él tuviera un calendario, tu cumpleaños estaría marcado en círculo. Si él condujera, tu nombre estaría en su automóvil con una etiqueta adhesiva. Si hubiera un árbol en el cielo, él tallaría tu nombre en él.

Dios pregunta al profeta Isaías: «¿Puede una madre olvidar a su niño de pecho, y dejar de amar al hijo que ha dado a luz?...» (Isaías 49.15, NVI). Imaginas que tu mamá te alimenta y luego pregunta: «¿Cómo se llama ese niño?» No. Las madres no hacen eso. Ellas acarician tu cabello, tocan tiernamente tu cara, cantan tu nombre una y otra vez. ¿Acaso las madres se olvidan de sus hijos? No es posible. Pero Dios promete: «... Aun cuando ella lo olvidara, ¡yo no te olvidaré!» (Isaías 49.15, NVI).

CRECER EN LA GRACIA

Haz algo hoy para mostrar a tu mamá cuánto la amas. Agradécele por todo lo que ella hace por ti. Ofrécete a ayudarla a limpiar los platos. Saca la basura. Escríbele una nota cariñosa. Si ella pregunta por qué le escribes, dile que es solo porque amas la forma en que ella te ama.

La cura para la desilusión

Cuando Dios no hace lo que queremos, no resulta fácil. Nunca lo ha sido. Nunca lo será. Pero la fe es la convicción de que Dios sabe más que nosotros sobre esta vida y nos llevará a través de ella.

Recuerda, la desilusión se cura con expectativas renovadas.

Me gusta el relato del hombre que fue a la tienda de mascotas en busca de una cotorra que cantara. Parece que era soltero y su casa era demasiado silenciosa. El tendero tenía precisamente el pájaro que él necesitaba, de modo que lo compró.

Al siguiente día, cuando el hombre regresó del trabajo, se encontró con una casa llena de música. Fue hasta la jaula para dar de comer al pájaro y notó, por primera vez, que la cotorra solo tenía una pata.

Se sintió defraudado porque le vendieron un pájaro cojo, de modo que llamó por teléfono al tendero para quejarse.

«¿Qué es lo que usted quiere —le preguntó este—, un pájaro que cante o un pájaro que baile?».

Buena pregunta para los momentos de desilusión.

Todavía remueve piedras

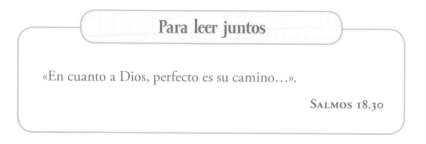

Para leer juntos

«En cuanto a Dios, perfecto es su camino…».

Salmos 18.30

¿Qué quieres?

Me gusta la historia del hombre que fue a la tienda de mascotas a comprar un loro cantor. El hombre vivía solo y su casa era demasiado tranquila. El dueño de la tienda le dijo que tenía justo el pájaro para él, así que lo compró.

Al día siguiente, el hombre volvió del trabajo a una casa llena de música. Fue a alimentar al loro y notó por primera vez que solo tenía una pata. Sintiéndose engañado porque le habían vendido un loro con una sola pata, llamó a la tienda y se quejó.

«¿Qué quieres —preguntó el dueño de la tienda—, un loro que puede cantar o uno que pueda bailar?» Excelente pregunta. Dios siempre contesta nuestras oraciones. Pero a veces no es la respuesta que esperamos, como el loro de una sola pata. Y nos sentimos decepcionados. Cuando eso sucede, tenemos que preguntarnos: *¿Qué es lo que realmente queremos?* Recuerda, Dios solo desea lo mejor para ti. Entonces, si su respuesta no es lo que esperas, tal vez necesites *cambiar* lo que quieres.

CRECER EN LA GRACIA

Las decepciones pueden ser tan amargas como los limones. Pide a un adulto que te ayude a hacer limonada casera. Prueba el limón primero. Agrio, ¿eh? Luego prueba la limonada. ¡Mucho mejor! Cuando agregas la dulzura de Dios (azúcar) a tus decepciones (limones), se pueden convertir en bendiciones (limonada).

La oración como recordatorio

La oración es el reconocimiento de que si Dios no se hubiera comprometido con nuestros problemas, aún estaríamos perdidos en las tinieblas. Es por su misericordia que hemos sido levantados. La oración es todo el proceso que nos recuerda quién es Dios y quiénes somos nosotros.

Yo tengo la certeza de que en la oración hay un gran poder. Creo que Dios sana al herido y levanta al que está muerto. Pero no creo que nos corresponda decirle a Dios lo que tiene que hacer ni cuándo debe hacerlo.

Dios sabe que, con nuestra limitada visión, ni siquiera sabemos por qué debemos orar. Cuando le encomendamos nuestras peticiones, confiamos en que honrará nuestras oraciones con su santo criterio.

Caminata con el Salvador

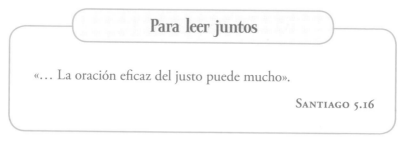

Para leer juntos

«… La oración eficaz del justo puede mucho».

SANTIAGO 5.16

Permite que Dios decida

Orar es decir a Dios que lo necesitamos. Es admitir que sabemos que sin él nunca llegaríamos al cielo. Solo su misericordia nos restaura y salva.

La oración nos recuerda *quién es Dios* (*quien* está a cargo) y *quiénes somos* (a quienes Dios ama lo suficiente como para ayudarnos).

Creo que hay un gran poder en la oración. Creo que Dios sana a los enfermos, los heridos y puede resucitar a los muertos. Pero no creo que podemos decir a Dios qué hacer y cuándo hacerlo.

Dios sabe que a veces ni siquiera sabemos por qué debemos orar. Cuando elevamos nuestras oraciones a él, confiamos en que él hará lo correcto por nosotros, incluso si no es lo que pedimos. Es bueno permitir que Dios decida qué es lo mejor.

CRECER EN LA GRACIA

A veces no sabemos cómo explicar lo que sentimos. Está bien. Dios tiene un plan para eso: «Así mismo, en nuestra debilidad el Espíritu acude a ayudarnos. No sabemos qué pedir, pero el Espíritu mismo intercede con gemidos que no pueden expresarse con palabras» (Romanos 8.26, NVI). Solo abre tu corazón a Dios y deja que el Espíritu Santo hable.

Gracia sobre gracia

Pruébate con esta pregunta: ¿qué pasaría si el único regalo que Dios da fuera su gracia para salvarnos? ¿Te contentarías? Le suplicas que salve la vida de tu hijo. Le ruegas que mantenga tu negocio a flote. Le imploras que elimine el cáncer de tu cuerpo. Qué tal si su respuesta fuera: «Bástate mi gracia». ¿Te quedarías contento?

Es que desde la perspectiva del cielo, la gracia es suficiente. Si Dios no hace otra cosa que salvarnos del infierno, ¿puede alguien quejarse? Después de darnos la vida eterna, ¿nos atrevemos a refunfuñar por un cuerpo adolorido? Después de darnos las riquezas celestiales, ¿nos atrevemos a lamentar la pobreza terrenal?

Si tienes ojos para leer estas palabras, manos para sostener este libro, medios para comprar este tomo, ya tienes gracia sobre gracia.

En manos de la gracia

Para leer juntos

«… he aprendido a contentarme, cualquiera que sea mi situación».

FILIPENSES 4.11

¿Podemos realmente quejarnos?

Examínate con esta pregunta: ¿qué pasaría si el único regalo que Dios te diera fuera su gracia, su perdón para que podamos ser salvos e ir al cielo? ¿Estarías feliz?

Tal vez le has rogado a Dios que te ayude a pasar una prueba, encontrar a tu mascota perdida o incluso curar a alguien que amas. Y si su respuesta es: «No. Mi gracia es suficiente. Salvarte es suficiente». ¿Estarías feliz?

Bueno, desde el punto de vista del cielo, la gracia *es* suficiente. Si lo único que Dios hizo fue salvarnos, ¿podríamos realmente quejarnos? Si solo nos diera la vida eterna, ¿nos atreveríamos a quejarnos de un cuerpo dolorido? Si solo nos diera todas las riquezas del cielo, ¿nos atreveríamos a quejarnos de ser pobres en la tierra?

Si tienes ojos para leer estas palabras y manos para sostener este libro, Dios ya te ha dado abundante gracia. Pero como te ama tanto, él no solo te da gracia, sino que también contesta tus oraciones.

CRECER EN LA GRACIA

Incluso cuando no tenemos nada, somos grandemente bendecidos con el amor de Dios. Comparte algunas de tus bendiciones terrenales con los necesitados. Anima a tu familia o a la clase de la escuela dominical para adoptar una familia que esté pasando por dificultades. Trae regalos y comestibles. En secreto, entrega estas donaciones a la familia con una nota que diga: «Un regalo de Dios».

Dios no es difícil de encontrar

Qué manera tan sorprendente de describir a Dios. Un Dios que nos persigue.

¿Nos atrevemos a visualizar un Dios móvil y activo que nos sigue, nos busca, nos sigue con bondad y misericordia todos los días de nuestra vida? Dios no es difícil de encontrar. Lo vemos en la Biblia en busca de Adán y Eva. Ellos estaban escondidos en los arbustos, en parte para cubrirse el cuerpo y en parte para cubrir su pecado. ¿Espera Dios que ellos vayan a él? No, y sus palabras resuenan en el huerto. «… ¿Dónde estás…?», pregunta Dios (Génesis 3.9) y emprende su lucha por redimir el corazón del hombre. En esa lucha sigue a sus hijos hasta que ellos lo sigan a él.

El regalo para todas las personas

Para leer juntos

«Ciertamente el bien y la misericordia me seguirán todos los días de mi vida, y en la casa de Jehová moraré por largos días».

SALMOS 23.6

194

No es tan difícil encontrar a Dios

Cuando era niño, me resultaba divertido jugar a las escondidas. Pero ese es un juego del cual Dios nunca participa. Dios nunca se esconde, pero él siempre busca.

Dios buscó a sus hijos, según lo vemos en el Libro de Génesis. Él estaba en el jardín y buscaba a Adán y Eva. Ellos se escondieron entre los árboles, estaban avergonzados y asustados. ¿Acaso Dios esperó a que ellos vinieran a él? No, sus palabras se escucharon por el jardín. Dios pregunto: «... ¿Dónde estás?» (Génesis 3.9, NVI).

Dios sabía dónde estaban escondidos Adán y Eva, pero quería que supieran que él los estaba buscando. Que no los había dejado solos. Y deseaba que salieran a encontrarse con él. A lo largo de la Biblia leemos que Dios llama a sus hijos con la esperanza de que salgan de su escondite y se encuentren con él.

Dios también te está llamando. No es difícil encontrar a Dios. Él está a solo una palabra de distancia. Pide encontrarte con Dios hoy.

CRECER EN LA GRACIA

¿Dónde estás? ¿Eres difícil de encontrar para Dios? ¿Esperas que Dios no vea lo que estás haciendo? ¿Esperas que Dios no oiga de qué te burlas con tus amigos? Si esperas que Dios no sepa lo que estás tramando, tal vez necesites dejar de hacer lo que has planificado.

A causa de nuestra necesidad

Es inconcebible que unos padres adoptivos en potencia digan: «Nos gustaría adoptar a Juanito, pero primero deseamos saber algunas cosas. ¿Tiene una casa donde vivir? ¿Tiene dinero para los derechos de matrícula? ¿Tiene quién lo lleve a la escuela cada mañana y ropa para cada día? ¿Puede prepararse su propia comida y arreglarse la ropa?».

Ninguna agencia aceptaría estas palabras. Su representante levantaría la mano y les diría: «Un momento. Ustedes no entienden. Ustedes no adoptan a Juanito por lo que tiene, lo adoptan por lo que necesita. Este niño necesita un hogar».

Lo mismo ocurre con Dios. Él no nos adopta por lo que tenemos. No nos da su nombre por nuestro talento, por nuestro dinero ni por nuestra buena disposición. La adopción es algo que recibimos, no algo que nos ganamos.

La gran casa de Dios

Para leer juntos

«Porque no envió Dios a su Hijo al mundo para condenar al mundo, sino para que el mundo sea salvo por él».

JUAN 3.17

Por causa de tu necesidad

Imagina unos padres que quieren adoptar a un niño y dicen: «Nos gustaría adoptar a Juanito, pero primero queremos saber algunas cosas. ¿Tiene una casa donde vivir? ¿Tiene dinero para ir a la escuela? ¿Tiene un transporte escolar para ir a la escuela todas las mañanas y ropa para vestir todos los días? ¿Puede Juanito cocinar sus propias comidas y lavar su propia ropa?».

Ninguna agencia de adopción prestaría atención a esa manera de hablar. El agente, respondería a esos padres: «Esperen un minuto. Ustedes no entienden. No adoptarán a Juanito por lo que él tiene. Ustedes lo adoptarán porque él lo necesita. Juanito necesita un hogar».

Lo mismo ocurre con Dios. No te da su nombre por tu gran sentido del humor, tu talento ni tu dinero. No te adopta como hijo por lo que tienes. Te adopta como hijo por causa de tu necesidad de él.

CRECER EN LA GRACIA

Pregunta a tres personas, una de tu edad, una de la edad de tus padres, una de la edad de tus abuelos sobre los mejores regalos que han recibido. ¿En qué se diferencian sus regalos? ¿Son los regalos de ellos iguales? ¿Te hace ver los regalos que has recibido de manera diferente? ¿Te hace ver diferente los regalos que quieres dar?

La fuerza del amor de Dios

«¿Puede algo hacer que yo deje de amarte?», pregunta Dios. «Obsérvame hablar tu idioma, dormir sobre tu tierra y sentir tu dolor. Observa al autor de la vista y el sonido cómo estornuda, tose y se suena la nariz. ¿Entiendo yo cómo te sientes? Mira a los ojos inquietos del niño en Nazaret; es Dios que camina hacia la escuela. Considera al muchachito a la mesa con María; es Dios que derrama la leche».

«¿Te preguntas cuánto durará mi amor? Encuentra la respuesta en una cruz astillada, sobre una colina escabrosa. Es a mí a quien ves allí, tu Creador, tu Dios, clavado y sangrando. Cubierto de escupidas e impregnado de pecados».

«Es tu pecado el que estoy sintiendo. Es tu muerte la que estoy muriendo. Es tu resurrección la que estoy viviendo. Eso es lo mucho que te amo».

En manos de la gracia

Para leer juntos

«… Dios muestra su amor para con nosotros, en que siendo aún pecadores, Cristo murió por nosotros».

Romanos 5.8

La fortaleza del amor de Dios

Cuando lees sobre la vida de Jesús en la tierra, es como si él dijera: «¿Qué puede impedir que te deja de amar? Mírame cómo hablo tu idioma, duermo en tu tierra y siento tus heridas. ¡Mírame! Soy el Creador de todo lo que ves. Mírame estornudar, toser y sonarme la nariz. ¿Te preguntas si entiendo cómo te sientes? Ves al niño junto a la mesa con María; es Dios derramando la leche. Mira a los ojos felices de ese niño jugando con sus amigos en Nazaret; ese es Dios de camino a la escuela».

«¿Quieres saber cuánto te amo? Te amo lo suficiente como para descender del cielo. Para ser como un niñito que se lastima el dedo mientras aprende a caminar. Para golpearme el pulgar con el martillo en la carpintería. Te amo lo suficiente que ignoré los insultos de las mismas personas que formé, soporté ser traicionado por mis amigos y morir en la cruz por ti. Así de grande es mi amor por ti».

CRECER EN LA GRACIA

¿Cuáles son las cosas más fuertes que se te ocurren? ¿El acero? ¿La masa de cemento? ¿Superman? ¿La dinamita? Todos estos son nada comparados con la fuerza de Dios, ¡nada! «...estoy convencido de que [...] ni cosa alguna en toda la creación podrá apartarnos del amor que Dios nos ha manifestado en Cristo Jesús» (Romanos 8.38-39, NVI).

Dios cambia a las familias

Dios ha probado ser un padre fiel. Ahora nos toca a nosotros ser hijos confiados. Permite que Dios te dé lo que tu familia no te da. Permítele llenar el vacío que otros han dejado. Busca en él fortaleza y aliento. Observa las palabras de Pablo: «Así que ya no eres esclavo, sino hijo; y si hijo, *también heredero de Dios por medio de Cristo*» porque tú eres su hijo (Gálatas 4.7, énfasis añadido).

Contar con la aprobación de tu familia es deseable, pero no es necesario para lograr la felicidad y no siempre es posible. Jesús no permitió que la complicada dinámica de su familia ensombreciera el llamado de Dios. Y como no lo permitió, el asunto de su familia tiene un final feliz.

Les dio espacio, tiempo y gracia. Y porque así lo hizo, ellos cambiaron. Un hermano se convirtió en apóstol (Gálatas 1.19) y otros llegaron a ser misioneros (1 Corintios 9.5).

Todavía remueve piedras

Para leer juntos

«Todos éstos perseveraban unánimes en oración y ruego, con las mujeres, y con María la madre de Jesús, y con sus hermanos».

HECHOS 1.14

Dios es fiel

Los amigos son las personas a quienes acudimos para recibir ánimo y atención. Pero a veces incluso nuestros amigos pueden causarnos daño. Tal vez un amigo tuyo te ha dicho algo hiriente, quizás alguno te ha traicionado o tal vez un amigo se ha mudado recientemente.

Una amistad problemática puede hacerte sentir vacío y herido por dentro. Jesús lo entiende. Después de todo, Judas era su amigo y lo traicionó. Pedro era amigo de Jesús y dijo que ni siquiera lo conocía. Juan era amigo de Jesús, pero huyó cuando arrestaron a Jesús.

Los amigos no siempre son fieles, pero Dios sí. Así que la próxima vez que una amistad problemática te deje herido, pide a Dios que te consuele. Pídele que llene ese vacío con su paz. Y luego ora por tu amigo, Dios también puede tocar su corazón.

CRECER EN LA GRACIA

A algunas personas les resulta difícil llevarse bien con otras. Aunque no puedes cambiar lo que hacen los demás, asegúrate de no ser parte del problema. «Por lo tanto, como escogidos de Dios, santos y amados, revístanse de afecto entrañable y de bondad, humildad, amabilidad y paciencia, de modo que se toleren unos a otros y se perdonen si alguno tiene queja contra otro. Así como el Señor los perdonó, perdonen también ustedes» (Colosenses 3.12-13, NVI).

✑ La guía del lector de Lucado ✑

Descubre... dentro de cada libro por Max Lucado, vas a encontrar palabras de aliento e inspiración que te llevarán a una experiencia más profunda con Jesús y encontrarás tesoros para andar con Dios. ¿Qué vas a descubrir?

3:16, Los números de la esperanza
... las 28 palabras que te pueden cambiar la vida.
Escritura central: Juan 3.16

Acércate sediento
... cómo rehidratar tu corazón y sumergirte en el pozo del amor de Dios.
Escritura central: Juan 7.37–38

Aligere su equipaje
... el poder de dejar las cargas que nunca debiste cargar.
Escritura central: Salmo 23

Aplauso del cielo
... el secreto a una vida que verdaderamente satisface.
Escritura central: Las Bienaventuranzas, Mateo 5.1–10

Como Jesús
... una vida libre de la culpa, el miedo y la ansiedad.
Escritura central: Efesios 4.23–24

Cuando Cristo venga
... por qué lo mejor está por venir.
Escritura central: 1 Corintios 15.23

Cuando Dios susurra tu nombre
... el camino a la esperanza al saber que Dios te conoce, que nunca se olvida de ti y que le

importan los detalles de tu vida.
Escritura central: Juan 10.3

Cura para la vida común
... las cosas únicas para las cuales Dios te diseñó para que hicieras en tu vida.
Escritura central: 1 Corintios 12.7

Él escogió los clavos
... un amor tan profundo que escogió la muerte en una cruz tan solo para ganar tu corazón.
Escritura central: 1 Pedro 1.18–20

El trueno apacible
... el Dios que hará lo que se requiera para llevar a sus hijos de regreso a él.
Escritura central: Salmo 81.7

En el ojo de la tormenta
... la paz durante las tormentas de tu vida.
Escritura central: Juan 6

En manos de la gracia
... el regalo mayor de todos, la gracia de Dios.
Escritura central: Romanos

Enfrente a sus gigantes
... cuando Dios está de tu parte, ningún desafío puede más.
Escritura central: 1 y 2 Samuel

Gran día cada día
... cómo vivir con propósito te ayudará a confiar más y

experimentar menos estrés.
Escritura central: Salmo 118.24

La gran casa de Dios
... un plano para la paz, el gozo y el amor que se encuentra en el Padre Nuestro.
Escritura central: El Padre Nuestro, Mateo 6.9–13

Más allá de tu vida
... un Dios grande te creó para que hicieras cosas grandes.
Escritura central: Hechos 1

Mi Salvador y vecino
... un Dios que caminó las pruebas más difíciles de la vida y todavía te acompaña en las tuyas.
Escritura central: Mateo 16.13–16

Sin temor
... cómo la fe es el antídoto al temor en tu vida.
Escritura central: Juan 14.1, 3

Todavía remueve piedras
... el Dios que todavía obra lo imposible en tu vida.
Escritura central: Mateo 12.20

Un amor que puedes compartir
... cómo vivir amado te libera para que ames a otros.
Escritura central: 1 Corintios 13

Lecturas recomendadas si estás luchando con...

EL TEMOR Y LA PREOCUPACIÓN

Acércate sediento
Aligere su equipaje
Mi Salvador y vecino
Sin temor

EL DESÁNIMO

Mi Salvador y vecino
Todav a remueve piedras

LA MUERTE DE UN SER QUERIDO

Aligere su equipaje
Cuando Cristo venga
Cuando Dios susurra tu nombre
Mi Salvador y vecino

LA CULPA

Como Jesús
En manos de la gracia

EL PECADO

Él escogió los clavos
Enfrente a sus gigantes

EL AGOTAMIENTO

Cuando Dios susurra tu nombre

Lecturas recomendadas si quieres saber más acerca de...

LA CRUZ
Él escogió los clavos

LA GRACIA
Él escogió los clavos
En manos de la gracia

EL CIELO
Aplauso del cielo
Cuando Cristo venga

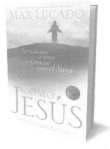

Lecturas recomendadas si estás buscando más...

CONSUELO

Aligere su equipaje
Él escogió los clavos
Mi Salvador y vecino

GOZO

Aplauso del cielo
Cuando Dios susurra tu nombre
Cura para la vida común

PAZ

Aligere su equipaje
En el ojo de la tormenta
La gran casa de Dios

COMPASIÓN

Más allá de tu vida

VALOR

Enfrente a sus gigantes
Sin temor

ESPERANZA

3:16, Los números de la esperanza
El trueno apacible
Enfrente a sus gigantes

AMOR

Acércate sediento
Un amor que puedes compartir

SATISFACCIÓN

Acércate sediento
Cura para la vida común
Gran día cada día

CONFIANZA

Mi Salvador y vecino
El trueno apacible

¡Los libros de Max Lucado son regalos espectaculares!

Si te estás acercando a una ocasión especial, considera uno de estos.

PARA ADULTOS:

Gracia para todo momento
Un cafecito con Max

PARA NIÑOS:

El corderito tullido
Hermie, una oruga común
Por si lo querías saber
Dios siempre cumple sus promesas

PARA LA NAVIDAD:

El corderito tullido
Dios se acercó